# Inhaltsverzeichnis

## Vorwort

Liebe Erzieher*innen,

einer der größten Kinderwünsche ist es, ein eigenes Haustier zu haben – am liebsten eines zum Kuscheln und Liebhaben. Das ist verständlich, denn Tiere sind faszinierende Lebewesen. Sie können Spielgefährten und voll integrierte Familienmitglieder sein. Doch ist es in puncto Haustiere immer ratsam, den Wünschen der Kinder nachzugeben? Wann sind Kinder reif, sich verantwortungsvoll und artgerecht um ein Haustier zu kümmern? Welches Haustier ist für welches Alter geeignet?

Die Projektmappe „Haustiere“ richtet sich vor allem an Kinder, die auf spielerische Weise die Welt der Haustiere entdecken möchten. Die Kinder lernen die einzelnen Haustiergruppen und -arten durch Bildkarten, Quartett-, Zuordnungs- und Rollenspiele kennen. Sie erfahren in einer selbst gestalteten Spielstation einiges über den Umgang und die Pflege dieser Tiere.

Bei all dem wichtigen Wissen kommen auch Spiel und Spaß nicht zu kurz! Die Kinder fertigen Kunstwerke an, lösen Bilderrätsel, malen nach Zahlen, stellen Yoga-Asanas mit Tiernamen nach und üben Theaterstücke ein. Klang-Geschichten, Finger- und Zahlenspiele, die Zubereitung von Kartoffeltierchen und vieles mehr runden das Projekt ab.

Ich wünsche Ihnen und Ihren Kindern viel Spaß mit dem Projekt „Haustiere“!

Angelica Back

# Vorbemerkungen und Arbeitshinweise

## Zu den verwendeten Symbolen

**Bildungsbereiche (jeweils das äußerste Symbol oben rechts auf den Arbeitsblättern):**

 Sprachliche Bildung

 Musikalische Bildung

 Ästhetische Erziehung

 Umwelt-, Sach- und Naturbegegnung

 Gesundheit und Ernährung

 Mathematische Bildung

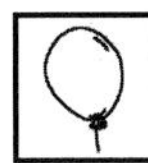 Feste und Feiern

 Wahrnehmung und Entspannung

 Körpererfahrung und Bewegung

 Sozialerfahrungen

**Sonstige Symbole:**

 geeignet für die Begabtenförderung

 für unter 3-Jährige geeignet

**Layout:**

- Die Seiten mit dem Papagei im Layout unten rechts sind für die Erzieher gedacht.
- Die Seiten mit der Katze unten rechts sind Arbeitsblätter, die direkt mit den Kindern bearbeitet werden können.

## Wissenswertes zum Thema „Haustiere“

Haustiere werden von Menschen mindestens schon seit ca. 13 000 v. Chr. gehalten. Zu den ersten zählten Wölfe und Wildkatzen, die im Laufe der Zeit immer zahmer wurden und dann auch gemeinsam mit den Menschen in deren Behausungen lebten. Aus den Wölfen entwickelten sich die ersten Hundearten und aus den Wildkatzen unsere bekannten Katzenrassen. Haustiere wurden und werden aus unterschiedlichen Beweggründen gehalten. In früheren Zeiten halfen sie den Menschen, sich vor Feinden und Schädlingen zu schützen. Auf manchen Bauernhöfen leben auch heute noch Katzen, um Mäuse von den Vorräten fernzuhalten. Hunde hingegen wurden dem Menschen zu treuen Begleitern und Jagdgefährten.
Nagetiere, Vögel, Reptilien und Fische als Haustiere sind eine relativ neue Entwicklung. Allerdings wurden Vögel und Nagetiere bei Adligen schon im 16. Jahrhundert beliebt, fanden aber bei der breiten Bevölkerung nur wenig Interesse.
Laut dem Zentralverband Zoologischer Fachbetriebe Deutschlands gab es 2021 in nahezu der Hälfte aller Haushalte Haustiere. In absteigender Reihenfolge waren das: 1. Katzen, 2. Hunde, 3. Nagetiere, 4. Vögel, 5. Fische und 6. Reptilien.

**Hund und Katze vom Züchter oder aus dem Tierheim?**

Weltweit gibt es etwa 800 Hunde- und 100 Katzenrassen. Hier ist für jeden Geschmack etwas dabei. Demzufolge werden die Tiere von Menschen gezüchtet und natürliche Eigenschaften und Aussehen bei Rassen beeinflusst. Entsprechend hoch ist auch der Preis für die Anschaffung von Haustieren beim Züchter.
Ist es jedoch wirklich nötig, Tiere beim Züchter zu kaufen? Jährlich landen um die 100 000 Katzen und eine entsprechende Anzahl an Hunden im Tierheim – und alle warten darauf, von liebe- und verantwortungsvollen Menschen adoptiert zu werden. Viele dieser Tiere sind schon älter und haben eine mehr oder weniger schlechte Vergangenheit hinter sich. Man sollte sich daher bewusst machen, dass manchmal viel Geduld

und Zuwendung erforderlich ist, bis Hund oder Katze (wieder) Zutrauen fassen können. Es gibt jedoch auch Tiere, die wegen Umzügen, Allergien oder Todesfällen abgegeben wurden und sich entsprechend problemloser in eine neue Familie einfügen können. Auch wer lieber einen Welpen oder ein Katzenjunges bei sich aufnehmen möchte, kann Glück haben und im Tierheim fündig werden. Umsonst sind die Vierbeiner auch im Tierheim nicht, denn eine kleine Schutzgebühr (beinhaltet in der Regel schon Kastration / Sterilisation und Impfungen) muss entrichtet werden. Dies dient auch dazu, dass keine Entscheidungen aus einem Impuls heraus getätigt werden.

**Internet-Adressen, um Tierheime bzw. Hunde, Katzen und Kleintiere in der Nähe zu finden:**
*www.tierschutzbund.de/organisation/ueber-uns/tierheime/*
*www.tierheimhelden.de*

**Soll es ein junges oder ein erwachsenes Tier sein?**
Welpen und Katzenjunge sind noch „unbeschriebene Blätter" und lassen sich dementsprechend leicht in ein neues Heim integrieren. Die Tierkinder wachsen mit den Menschenkindern zusammen auf. Unsere Kinder lernen dabei schon früh, auf die Bedürfnisse anderer Lebewesen einzugehen. Das Kind entwickelt Verantwortungsbewusstsein, Achtung und Empathie gegenüber den vierbeinigen Geschöpfen. Wer sich für Katzenjunge entscheidet, sollte aber auf jeden Fall zwei bei sich aufnehmen! Junge Kätzchen benötigen neben der Zuwendung des Menschen unbedingt auch noch die soziale Nähe und die Geselligkeit von Artgenossen, denn sonst entwickeln sie psychische Erkrankungen. Zwei kleine Katzen machen kaum mehr Arbeit als eine und dafür hat man zwei glückliche Samtpfoten. Bei Welpen sieht das etwas anders aus. Sie brauchen nicht unbedingt einen Artgenossen. Allerdings brauchen auch sie die ständige Nähe des Menschen als ihren Rudelführer. Man sollte sie auf keinen Fall alleine lassen! Welpen wie auch Katzenjunge benötigen jedoch gegenüber einem älteren Tier sehr viel Aufmerksamkeit, Pflege und Erziehung.
Bei ausgewachsenen Tieren gibt es ebenfalls Vor- und Nachteile. Wenn das Tier liebevolle Vorbesitzer hatte, kann es sich vermutlich leicht in die neue Familie integrieren. Ein älteres Tier, das hingegen eine eher problematische Vergangenheit hat, kann Herausforderungen mit sich bringen und benötigt viel Einfühlungsvermögen.
Man sollte sich auch bewusst machen, dass bei älteren Tieren mehr Kosten für medizinische Betreuung und spezielles Futter anfallen könnten.

## Allgemeine Hinweise zur Organisation und Durchführung

**Ein Haustier (zu Besuch) in der Kita?**
Aus verschiedenen Gründen bleibt der Kinderwunsch, dass ein Haustier in die Familie kommt, oft leider unerfüllt. Eine positive Interaktion mit Tieren ist jedoch für die soziale Entwicklung der Kinder oft sehr hilfreich. Gerade bei schüchternen Kindern oder solchen, die mehr im Abseits stehen, kann ein Haustier auch die Integration in die Gruppe unterstützen. Immer mehr Einrichtungen überlegen sich, ein Tier aufzunehmen. Vorher gilt es jedoch, sich die Frage zu stellen, ob die Aufnahme eines Tieres in die Kita sinnvoll ist: Haben wir genug Platz, Zeit und finanzielle Mittel, um ein Tier artgerecht zu halten, zu pflegen und zu ernähren? Gibt es Tierhaar-Allergien bei Kindern oder Erwachsenen? Wer übernimmt die Rolle einer beständigen Bezugsperson? Wer pflegt die Tiere an Wochenenden und in den Ferien? Die Bedürfnisse und das Wohlergehen der Tiere müssen immer an erster Stelle stehen! Ebenfalls sollten Rückzugsmöglichkeiten und Kontakte zu Artgenossen vorhanden sein.
Grundsätzlich besteht auch die Möglichkeit, dass im Rahmen der tiergestützten Pädagogik ein Tier mit seiner Halterin oder seinem Halter zu Besuch in die Kita kommt. Mehr zu diesem Thema finden Sie hier: *www.erzieherin-ausbildung.de/praxis/paedagogische-leitfaeden/tiergestuetzte-paedagogik-die-arbeit-mit-therapiehund-co*

Die Alternative zum eigenen Tier oder einem Kita-Tier: Mit einem Hund aus dem Tierheim regelmäßig Gassi gehen. Viele Tierheime sind froh, wenn sich Menschen anbieten, um mit den Vierbeinern spazieren zu gehen.

Diese ehrenamtliche Tätigkeit ist eine schöne Option, wenn man aus verschiedenen Gründen keinen eigenen Hund bei sich aufnehmen kann. Kinder unter 18 Jahren dürfen diese Aufgabe allerdings noch nicht alleine übernehmen. Ideal ist es auch, wenn bereits Erfahrungen mit Hunden vorhanden sind.

**Sachbücher:**
Was ist Was Junior. 4 – 7 Jahre: „Meine liebsten Haustiere", Tessloff 2021.
Lesemaus, 3 – 6 Jahre: „Die kleine Katze – alles, was du wissen willst", Carlsen 2021.
Wieso? Weshalb? Warum? 2 – 6 Jahre: „Die Katze", Ravensburger 2007.
Wieso? Weshalb? Warum? 1 – 5 Jahre: „Der Hund", Ravensburger 2011.
Lesemaus, 3 – 5 Jahre: „Ein Meerschweinchen für Stina", Carlsen 2015.
Lesemaus, 3 – 5 Jahre: „Max wünscht sich ein Kaninchen", Carlsen 2003.
Meine große Tierbibliothek, 4 – 6 Jahre: „Das Kaninchen", Esslinger 2009.
Meine große Tierbibliothek, 4 – 6 Jahre: „Der Hamster", Esslinger 2011.
Meine große Tierbibliothek, ab 5 Jahren: „Die Schildkröte", Esslinger 2022.

**Internetadressen:**
*https://haustier-portal.de* (Wissenswertes über artgerechte Haustierhaltung)
*www.planethund.com* (Umfangreiches Wissen über Hunde)
*www.katzenkram.net* (Experten-Wissen rund um die Katze)

## Tipps und Anregungen zu den einzelnen Angeboten

**Zu „Wimmelbild ‚Haustiere'", ab S. 11:**
Sie können die Tiere im Wimmelbild auch zusätzlich vergrößern, ausschneiden und auf festen Tonkarton oder Pappe kleben, sodass Karten entstehen. So können die Kinder entweder einzeln oder in der Gruppe die Haustiere auf dem Wimmelbild suchen. Wer ein Tier findet, benennt es und darf sich die passende Karte dazu nehmen. Wenn alle Haustiere gefunden sind, können die Kinder ihre gesammelten Tiere sowie die entsprechenden Tiere im Wimmelbild ausmalen.

**Zu „Der hungrige Hamster", ab S. 26:**
Gute Infos über die richtige Ernährung von Hamstern finden Sie im Internet, zum Beispiel auf der folgenden Website:
*www.zoobio.de/blog/die-richtige-ernahrung-fur-hamster-gehts-839*

**Zu „Bilderrätsel in der Natur", S. 30:**
Dieses Ratespiel ist für draußen gedacht, kann aber auch drinnen gespielt werden. Am schönsten ist es, wenn Sie dafür mit den Kindern in den Wald, einen Park oder in das Außengelände gehen.

**Allgemeine Informationen zu den Rezepten im Bereich „Gesundheit und Ernährung", ab S. 32:**
Bitte achten Sie bei der Auswahl der Zutaten auf eventuelle **Lebensmittelunverträglichkeiten** der Kinder!

**Zu „Fantasietheater der Haustiere", ab S. 40:**
Wenn Sie möchten, können Sie das Theaterstück gemeinsam mit den Kindern noch weiter ausbauen.

**Zu „Spielstation ‚Tierheim'", ab S. 42:**
Sie können sich vorab mit den Kindern in einer kleinen Inspirationsrunde zusammenfinden, über das geplante Projekt sprechen und Ideen zusammentragen. Stellen Sie auch entsprechende Fragen:

- „Wer hat schon einmal ein Tierheim besucht?"
- „Wie sieht es dort aus?"

Vielleicht möchten Sie auch mit den Kindern – nach vorheriger Anmeldung – ein Tierheim in der Nähe besuchen?

# Haustier-Quartett (ab 5 Jahren, für 3 – 4 Kinder)

**Material:**
Kopiervorlage „Bildkarten Tierbilder“ (s. S. 8), fester Tonkarton, 1 Schere, 1 Bastelkleber, 1 schwarzer Filzstift, ggf. 1 Laminiergerät und -folie

**Vorbereitung:**
Kopieren Sie die Tierbilder. Kleben Sie die Tierbilder auf den Tonkarton und schneiden Sie diese aus. Schreiben Sie zusätzlich noch die Tierart auf die Karten, also je viermal „Katze“, „Hund“, „Vogel“, „Nagetier“, „Reptil“. Laminieren Sie die Quartettspiel-Karten bei Bedarf.

**Arbeitsanleitung:**
1. Mischen Sie die Karten und verteilen Sie sie komplett an alle Kinder.
2. Alle Kinder halten ihre Karten aufgefächert, aber verdeckt vor den anderen Kindern, in der Hand.
3. Zunächst schauen die Kinder, ob sie vielleicht schon ein Quartett haben, zum Beispiel vier Katzen. Wenn dem so ist, legen sie das Quartett offen vor sich auf den Tisch.
4. Ein Kind fängt an und fragt das links neben ihm sitzende Kind nach einer Tierkarte, die ihm fehlt, um ein Quartett zu vervollständigen. Hat dieses Kind die Karte, muss es sie an das fragende Kind abgeben. Das erste Kind darf dann weiter fragen, bis das andere die gewünschte Karte nicht hat. Dann ist dieses am Zug und fragt das nächste Kind. So geht es im Uhrzeigersinn.
5. Wer keine Karten mehr hat, wartet das Ende des Spieles ab.

**Varianten:**
1. Statt zu fragen, wird reihum beim Nachbarkind eine Karte gezogen. Vollständige Quartette werden sofort abgelegt.
2. Wollen nur zwei Kinder spielen, erhält jedes fünf Karten. Die anderen zehn Karten bleiben verdeckt auf einem Stapel. Wie oben bei der Durchführung wird abwechselnd gefragt. Hat ein Kind die gewünschte Karte nicht, darf eine Karte vom Stapel gezogen werden.

# Vier Spiele – viele Tiere (ab 3 Jahren)

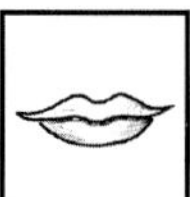

**Material:**
Kopiervorlage „Bildkarten Tierbilder" (s. S. 8), Buntstifte, Tonkarton, 1 Bastelkleber, 1 Schere, 5 Behälter (z. B.: Körbchen, Schachteln, Papiertüten ...)

**Arbeitsanleitung:**

1. Die Bildkarten kopieren (bei Bedarf vergrößern) und auf festen Tonkarton kleben. Die Bildkarten danach ausschneiden.
2. Die Kinder dürfen die Bildkarten nun anmalen.
3. Kopieren Sie für die 1. Spielmöglichkeit je ein leicht zu erratendes Tier aus den vier Gruppen doppelt und befestigen Sie die Tierkärtchen jeweils an den Behältern. Sie können zusätzlich auch noch die Tierart dazuschreiben (Hund, Katze, Vogel, Nagetier, Reptil).

**Spielmöglichkeiten**

**1. Spielmöglichkeit:**
Stellen Sie die Behälter mit den daran befestigten Tierarten nebeneinander auf den Tisch. Die passenden Tier-Karten liegen – offen oder verdeckt – davor. Reihum nimmt sich je ein Kind eine Karte und benennt das Tier. Wenn es die abgebildete Rasse auch noch kennt, darf es sie gerne nennen. Dann legt es das Kärtchen in den passenden Behälter.

**2. Spielmöglichkeit:**
Bilden Sie einen Kartenstapel und mischen Sie die Karten gut durch. Die Kinder ziehen drei bis fünf Karten und legen sie offen vor sich. Sie erzählen dann auf der Grundlage ihrer Karten eine selbst erfundene Geschichte. Die Tierarten sollen dabei immer benannt werden, zum Beispiel: „Der Hund trifft eine Katze. Gemeinsam wollen sie sich mit dem Papagei treffen, um auf einen Spielplatz zu gehen. Auf dem Spielplatz sehen sie, dass das Kaninchen auch da ist ..."

**3. Spielmöglichkeit:**
Bilden Sie einen Kartenstapel und mischen Sie die Karten gut durch. Ein Kind zieht verdeckt eine Karte. Die anderen dürfen nicht sehen, was darauf abgebildet ist. Sie stellen dem Kind jetzt nacheinander Fragen, um herauszufinden, welches Tier auf der Karte abgebildet ist, zum Beispiel: „Kann das Tier fliegen?".
Wenn das Tier auf der Karte fliegen kann und das Kind demnach mit „ja" antwortet, darf das fragende Kind eine weitere Frage stellen, zum Beispiel: „Ist es blau?" Wenn diese Frage verneint wird, kommt ein anderes Kind an die Reihe, um Fragen zu stellen. Wenn das Rätsel gelöst wird, kann as nächste Kind verdeckt eine weitere Tierkarte ziehen.

**4. Spielmöglichkeit:**
Kopieren Sie die Bildkarten doppelt, um mit den Kindern ein klassisches Memo-Spiel zu spielen.

**Tipp:**
Jüngere Kinder können einfach nur die Bilder ausmalen und versuchen, diese anschließend in die entsprechenden Behälter einzuordnen.

# Kopiervorlage: „Bildkarten Tierbilder“

# Uns're Katz' heißt Dorle (ab 2 Jahren)

**Text:** traditionell nach Wilhelm Bender „Uns're Katz' heißt Mohrle"
**Textabwandlung:** Angelica Back

| | |
|---|---|
| Uns're Katz' heißt Dorle,<br>hat ein graues Ohrle, | *Mit Daumen und Zeigefinger je ein „Dreieck" formen und oben an den Kopf halten.* |
| hat ein graues Fell | *Mit den Händen seitlich am Körper entlangstreichen.* |
| und wenn es was zum Schmausen gibt,<br>dann ist sie gleich zur Stell. | *Beide Hände zu einer Schale formen und das Essen imitieren.* |
| Uns're Katz' heißt Dorle,<br>hat ein graues Ohrle, | *Mit Daumen und Zeigefinger je ein „Dreieck" formen und oben an den Kopf halten.* |
| Augen, die sind grün, | *Die Fingerspitzen von Daumen und Zeigefinger (oder Mittelfinger) beider Hände aufeinanderdrücken und an die Augen halten (wie eine schmale Brille).* |
| und wenn es abends dunkel wird,<br>dann fang'n sie an zu glüh'n. | *Finger wie Zeile zuvor an die Augen halten, Fingerspitzen auseinandernehmen (so als ob die Augen leuchten oder sich weiten).* |
| Uns're Katz' heißt Dorle,<br>hat ein graues Ohrle, | *Mit Daumen und Zeigefinger je ein „Dreieck" formen und oben an den Kopf halten.* |
| Pfötchen, die sind weich, | *Beide Hände abwechselnd zu lockeren Fäusten ballen – Finger zeigen dabei nach unten (ähnlich wie eine Katzenpfote) – und mit der anderen Hand zweimal über die geballte „Faust" streichen.* |
| und wenn das Kind im Schlafe liegt, | *Beide Handflächen aufeinanderlegen, seitlich an die Wangen halten und das Schlafen imitieren.* |
| dann schnurrt sie durch ihr Reich. | *Mit den Fingern das Laufen der Katze imitieren.* |

# Fünf Häschen (ab 2 Jahren)

**Text:** Angelica Back

| | |
|---|---|
| Fünf Häschen hoppeln durch den Raum. | *Mit fünf Fingern über die Oberschenkel „hoppeln".* |
| Ihr Fell ist kuschlig weicher Flaum. | *Mit einer Hand zweimal sachte über die andere streichen.* |
| Sie finden in der Ecke Möhrchen, | *Essbewegungen machen,* |
| wackeln vor Freude mit den Öhrchen. | *mit den Fingern beider Hände wackeln.* |
| Das erste Häschen nimmt sich eine. | *Mit Daumen und Zeigefinger einer Hand die Spitze des Daumens der anderen Hand berühren, dann mit beiden Händen Greifbewegungen machen.* |
| Das zweite Häschen will gar keine. | *Mit Daumen und Zeigefinger einer Hand die Spitze des Zeigefingers der anderen Hand berühren und mit dem Kopf schütteln.* |
| Das dritte Häschen trägt's ins Häuschen. | *Mit Daumen und Zeigefinger einer Hand die Spitze des Mittelfingers der anderen Hand berühren, mit beiden Händen ein Hausdach formen.* |
| Das vierte Häschen macht ein Päuschen. | *Mit Daumen und Zeigefinger einer Hand die Spitze des Ringfingers der anderen Hand berühren. Beide Hände auf die Oberschenkel legen.* |
| Das fünfte Häschen springt vor Glück. | *Mit Daumen und Zeigefinger einer Hand die Spitze des kleinen Fingers der anderen Hand berühren, mit beiden Händen dreimal flach auf die Oberschenkel klatschen.* |
| Fünf Häschen hoppeln schnell zurück. | *Mit fünf Fingern über die Oberschenkel „hoppeln".* |

# Wimmelbild „Haustiere“ (ab 2 Jahren)

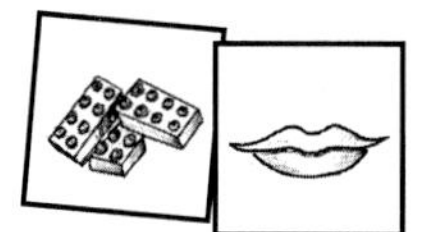

**Material:**
Kopiervorlage „Tier-Karten“ (s. u.), Kopiervorlage „Wimmelbild“, (s. S. 12), Buntstifte, Pappe / Tonkarton, 1 Bastelkleber, 1 Schere

**Vorbereitung:**
Die Tiere der Kopiervorlage „Tier-Karten“ kopieren, ausschneiden und auf Pappe / Tonkarton kleben, sodass Karten entstehen. Legen Sie das Wimmelbild und die Tier-Karten offen auf den Tisch.

**Spielmöglichkeit:**
1. Zeigen Sie den Kindern die Tier-Karten nacheinander.
2. Die Kinder suchen entweder einzeln oder in der Gruppe die Haustiere auf dem Wimmelbild.
3. Wenn ein Kind ein Tier findet, darf es das Tier benennen und sich die passende Karte dazunehmen.
4. Wenn alle Haustiere gefunden sind, können die Kinder ihre gesammelten Tiere sowie das Tier im Wimmelbild ausmalen.

**Variante:**
Die Tier-Karten werden verdeckt auf einen Stapel gelegt und nacheinander gezogen.

## Kopiervorlage „Tier-Karten“ (bitte ggf. hochkopieren)

# Kopiervorlage „Wimmelbild“

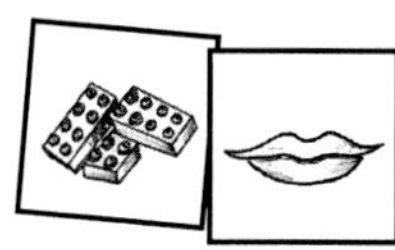

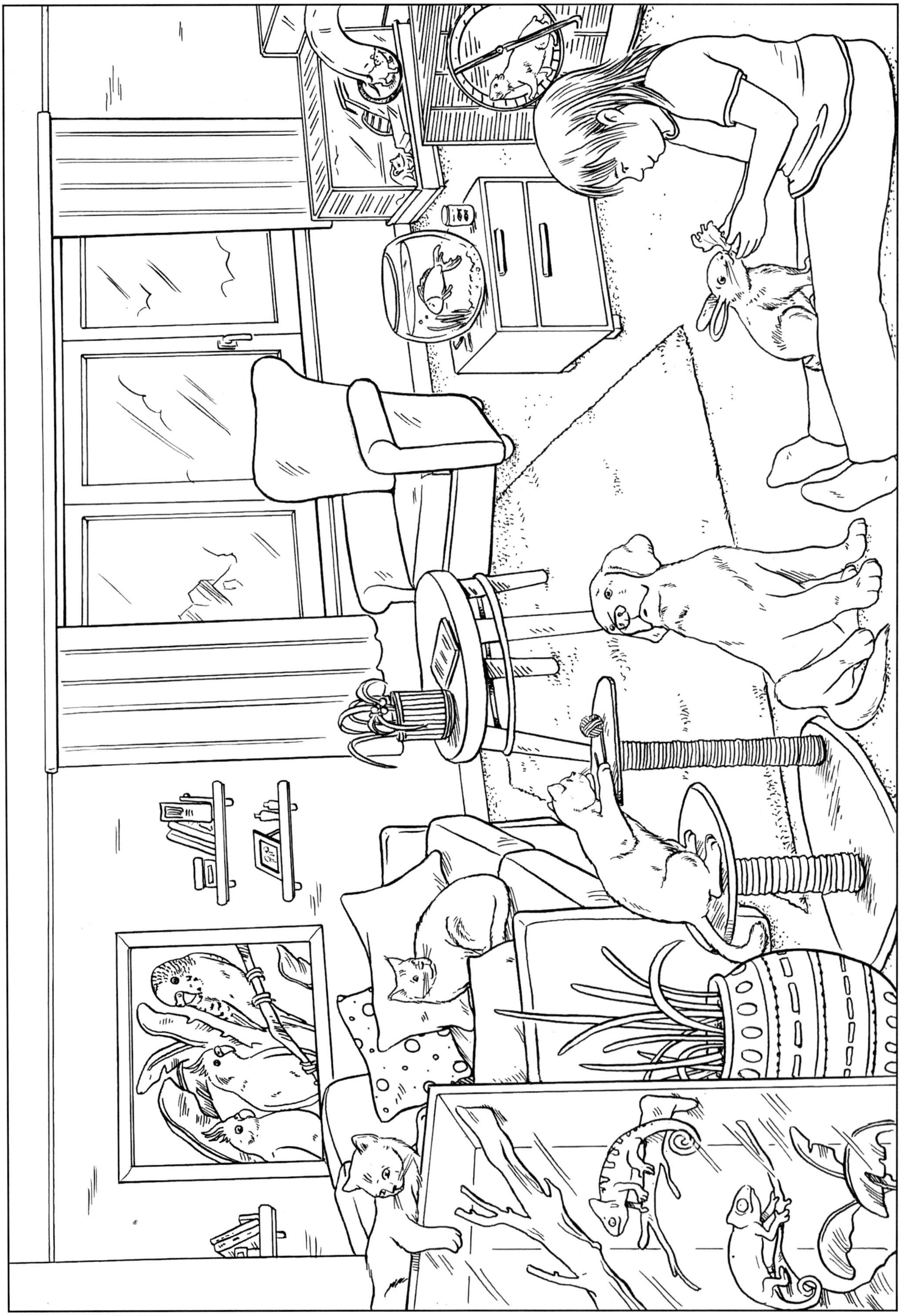

BVK • Angelica Back: Kita aktiv „Projektmappe Haustiere“

# Sand-Tablett (ab 5 Jahren)

**Material:**
Kopiervorlage „Tier-Namen“ (s. u.), 1 Schere, Tabletts oder Gefäße mit Rand, Vogelsand oder Spielsand

**Vorbereitung:**
Kopieren Sie die Karten mit den Tier-Namen und schneiden Sie sie aus.
Befüllen Sie für jedes Kind ein Tablett oder Gefäß mit Sand. Fertigen Sie ggf. zuvor Kärtchen mit einzelnen Buchstaben an.

**Durchführung:**
1. Stellen Sie für jedes Kind ein Aktionstablett oder das Gefäß auf den Tisch.
2. Verteilen Sie die Karten in der Mitte des Tisches.
3. Jedes Kind nimmt sich eine Karte und legt diese vor sich hin.
4. Nun versucht es, mit den Fingern den ersten Buchstaben oder das ganze Wort in den Sand zu schreiben.
5. Anschließend wird der Sand wieder glattgestrichen und die nächste Karte genommen.

## Kopiervorlage „Tier-Namen“

| | |
|---|---|
| HASE | HUND |
| KATZE | VOGEL |
| FISCH | ECHSE |
| | |

# Auf der Mauer, auf der Lauer sitzt ’ne kleine Katze (ab 4 Jahren)

**Melodie:** traditionell nach „Auf der Mauer, auf der Lauer sitzt 'ne kleine Wanze“
**Textabwandlung:** Angelica Back

Auf der Mauer, auf der Lauer sitzt ’ne kleine Katze.
Auf der Mauer, auf der Lauer sitzt ’ne kleine Katze.
Seht euch nur die Katze an, was sie mit der Tatze kann!
Auf der Mauer, auf der Lauer sitzt ’ne kleine Katze.

Auf der Mauer, auf der Lauer sitzt ’ne kleine Katz…
Auf der Mauer, auf der Lauer sitzt ’ne kleine Katz…
Seht euch nur die Katz... an, was sie mit der Tatz… kann!
Auf der Mauer, auf der Lauer sitzt ’ne kleine Katz…

Auf der Mauer, auf der Lauer sitzt ’ne kleine Kat…
Auf der Mauer, auf der Lauer sitzt ’ne kleine Kat…
Seht euch nur die Kat... an, was sie mit der Tat… kann!
Auf der Mauer, auf der Lauer sitzt ’ne kleine Kat…

Auf der Mauer, auf der Lauer sitzt ’ne kleine Ka…
Auf der Mauer, auf der Lauer sitzt ’ne kleine Ka…
Seht euch nur die Ka... an, was sie mit der Ta… kann!
Auf der Mauer, auf der Lauer sitzt ’ne kleine Ka…

Auf der Mauer, auf der Lauer sitzt ’ne kleine K…
Auf der Mauer, auf der Lauer sitzt ’ne kleine K…
Seht euch nur die K... an, was sie mit der T… kann!
Auf der Mauer, auf der Lauer sitzt ’ne kleine K…

Auf der Mauer, auf der Lauer sitzt ’ne kleine…
Auf der Mauer, auf der Lauer sitzt ’ne kleine…
Seht euch nur die... an, was sie mit der… kann!
Auf der Mauer, auf der Lauer sitzt ’ne kleine…

**Spielmöglichkeiten:**

**Spielmöglichkeit 1:** Bei der Zeile „Auf der Mauer, auf der Lauer sitzt ’ne kleine Katze“ sitzen die Kinder in der Hocke oder knien auf allen vieren auf dem Boden. Bei der Zeile „Seht euch nur die Katze an, was sie mit der Tatze kann!“ imitieren die Kinder mit Händen und Fingern das „Krallen zeigen“ der Katze.

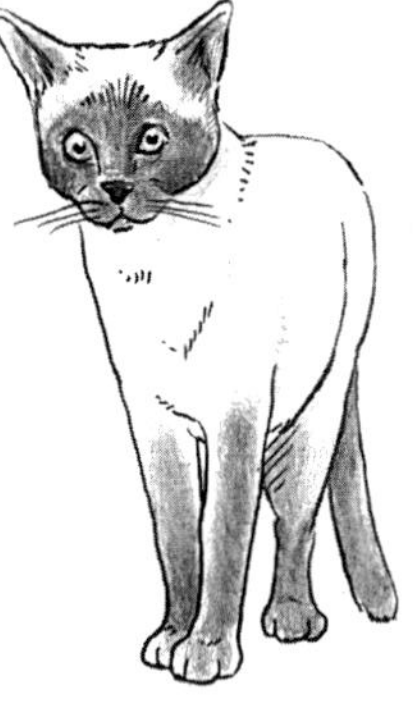

**Spielmöglichkeit 2:** Jedes Kind bekommt zu Beginn sechs Schätze, zum Beispiel: Spielsteine, Holzperlen, Murmeln ... Die Mädchen und Jungen müssen beim Mitsingen genau aufpassen, dass sie von den Wörtern „Katze“ und „Tatze“ keinen Buchstaben zu viel oder zu wenig sagen. Wenn dies doch passiert, müssen sie einen ihrer „Schätze“ in die Mitte legen.

# Tiere allein zu Haus (ab 3 Jahren)

**Material:**
Klanggeschichte „Tiere allein zu Haus“ (s. u.), verschiedene Musikinstrumente, zum Beispiel: Triangel, Glockenspiel / Xylophon, Trommel, Rassel, Schellen / Glöckchen

**Vorbereitung:**
Experimentieren Sie vorab gemeinsam mit den Kindern mit den verschiedenen zur Verfügung stehenden Instrumenten.

## Klanggeschichte „Tiere allein zu Haus“

Es ist früher Morgen, als die Tür ins Schloss fällt. Herr Sommer fährt ins Büro und Frau Sommer bringt die beiden Kinder zur Schule. Das Haus ist dennoch nicht leer. Oben im Kratzbaum schläft **Perserkatze Bella. Max, der Hund,** döst in seinem Kuschelbett und der Goldfisch schwimmt seine Runden im Aquarium. Dann gibt es noch **Wellensittich Karlchen,** der gerade geräuschvoll seine Körner und Nüsse knackt.
„Kannst du nicht mal aufhören mit dem Krach?“, ruft **Bella** ärgerlich von ihrem hohen Katzenturm herab, „Ich will noch schlafen!“ Doch Karlchen lässt sich nicht stören.
„Es ist Frühstückszeit!“, bellt **Max** „Schlafen kannst du in der Nacht“.
**Bella** ignoriert diesen Kommentar und fängt an, sich ausgiebig zu putzen. „Hunde!“, denkt sie naserümpfend, „Haben keine Ahnung vom freien Katzenleben!“
Plötzlich rennt eine **Maus** eilig durch den Raum. **Bella** wird hellwach und springt blitzschnell vom Kratzbaum der **Maus** hinterher. Die rettet sich unter einen Schrank und macht der Katze eine lange Nase: „Du bist ganz schön langsam, du haariges Monster.“
„Ich habe Zeit!“, lächelt **Bella** listig und macht es sich vor dem Schrank bequem, „Wenn du nicht verhungern willst, musst du ja irgendwann da raus.“
„Was für ein Theater!“, blubbert der **Goldfisch.** Er ist froh, im Aquarium seine Ruhe zu haben. Mittlerweile ist **Karlchen** fertig mit seinem Frühstück und stimmt ein fröhliches Lied an. Auf einmal dreht sich der Schlüssel in der Tür und Frau Sommer kommt zurück. **Max** läuft ihr entgegen und bellt vor Freude. Gleich gibt es auch für ihn etwas Leckeres zum Fressen. **Bella** verdreht die Augen. „So ein überdrehter Zottel!“, denkt sie. „Das geht auch eleganter!“ Sie erhebt sich anmutig und streicht Frau Sommer schnurrend um die Beine. Die kleine **Maus** unterm Schrank fiept erleichtert und verschwindet ungesehen in einem kleinen Loch im Parkettboden.

**Spielmöglichkeit:**
Jedes Kind sucht sich ein Tier und das dazugehörige Instrument aus. Während Sie die Geschichte langsam vorlesen, spielen die Kinder an den entsprechenden Stellen im Text **(fett gedruckt)** ihr Instrument. Beispielsweise könnten die Instrumente wie im Kasten den Tieren zugeordnet werden.

Wellensittich → Schellen / Glöckchen
Katze → Glockenspiel / Xylophon
Hund → (Hand-)Trommel
Goldfisch → Triangel
Maus → Rassel

# Aus einer Hand wird ein Häschen (ab 3 Jahren)

**Material:**
farbiges Tonpapier, Bleistifte, Radiergummis, Scheren, Filzstifte (in mehreren Farben), evtl. Holzstäbchen

**Arbeitsanleitung:**

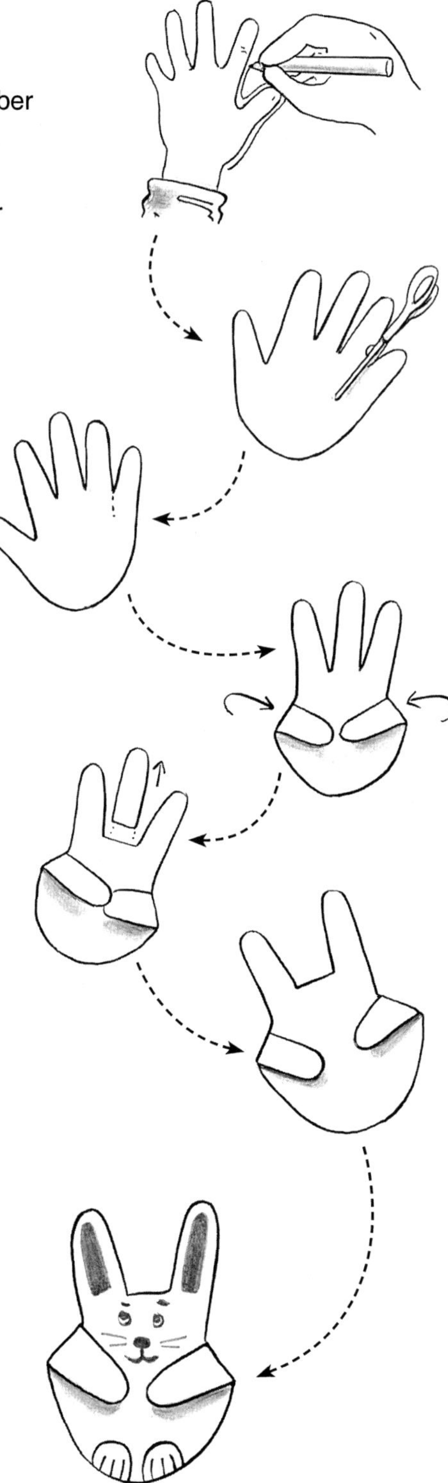

1. Ein Kind legt seine Hand mit auseinandergespreizten Fingern auf einen Bogen Tonpapier. Ein anderes Kind zeichnet mit einem Bleistift um die Finger der Hand herum. Alternativ übernehmen Sie diesen Part. Der Stift sollte nicht zu eng um die Finger herumgeführt werden. Lieber ein bisschen mehr Abstand lassen, da der Hase sonst zu dünn wird. Die Finger sollten auf dem Papier breiter sein, als sie wirklich sind. Ebenfalls ist darauf zu achten, dass die unteren Zwischenräume der Fingerumrisse V-förmig spitz zusammenlaufen.
2. Anschließend schneiden die Kinder ihren Handabdruck aus.
3. Zwischen dem Daumen und dem Zeigefinger sowie zwischen dem kleinen Finger und dem Ringfinger die V-förmige Spitze noch etwa 1 cm weiter einschneiden. Beide Schlitze sollten insgesamt gleich lang sein.
4. Danach klappen die Kinder die äußeren beiden Finger zur Mitte hin um – das sind die Arme des Hasen.
5. Den Mittelfinger schneiden die Kinder nun ab, damit Zeige- und Ringfinger die Hasenohren bilden.
6. Nun braucht das Häschen noch ein Gesicht: Augen, Nase, Schnurrhaare und Mund. Dies malen die Kinder mit den Filzstiften auf.
7. Auch die Innenseiten der Ohren werden noch mit einer Farbe nach Wunsch ausgemalt.
8. An den unteren Rand des Handabdrucks zeichnen die Kinder noch kleine Hasenpfoten auf. Dafür einfach je zwei nach unten „schauende“ Halbkreise aufmalen und in die Halbkreise jeweils drei kleine Striche einzeichnen.

**Tipp:**
An jeden Hasen ein Holzstäbchen kleben und ein kleines Theaterstück erfinden.

# Ein Halsband für mein Plüschtier (ab 3 Jahren)

**Material:**
Kopiervorlage „Anhänger“ (s. u.), Plüschtiere, 1 – 2 Wollknäuel, Kinderscheren, große Holzperlen und / oder etwas Ähnliches zum Auffädeln, fester Tonkarton, Bleistifte, 1 Locher, Filzstifte

**Arbeitsanleitung:**

1. Die Kinder messen mit der Wolle den Halsumfang ihres Plüschtieres ab. Es müssen auch noch ein paar Zentimeter Wolle hinzugegeben werden, damit das spätere Halsband zusammengeknotet werden kann.
2. Das abgemessene Stück Wolle wird nun abgeschnitten.
3. Nun legen die Kinder die Kopiervorlage auf den Tonkarton und übertragen diese mit dem Bleistift. An der markierten Stelle wird ein Loch mit dem Locher gestanzt.
4. Der Anhänger kann mit Filzstiften bunt angemalt werden.
5. Anschließend fädeln die Kinder die Hälfte der Perlen auf ihre Wolle auf. Danach fädeln sie den Anhänger und die restlichen Perlen auf. An beiden Enden noch ein wenig Platz zum Zusammenbinden lassen. Helfen Sie den Kindern ggf. beim Zuknoten.

## Kopiervorlage „Anhänger“

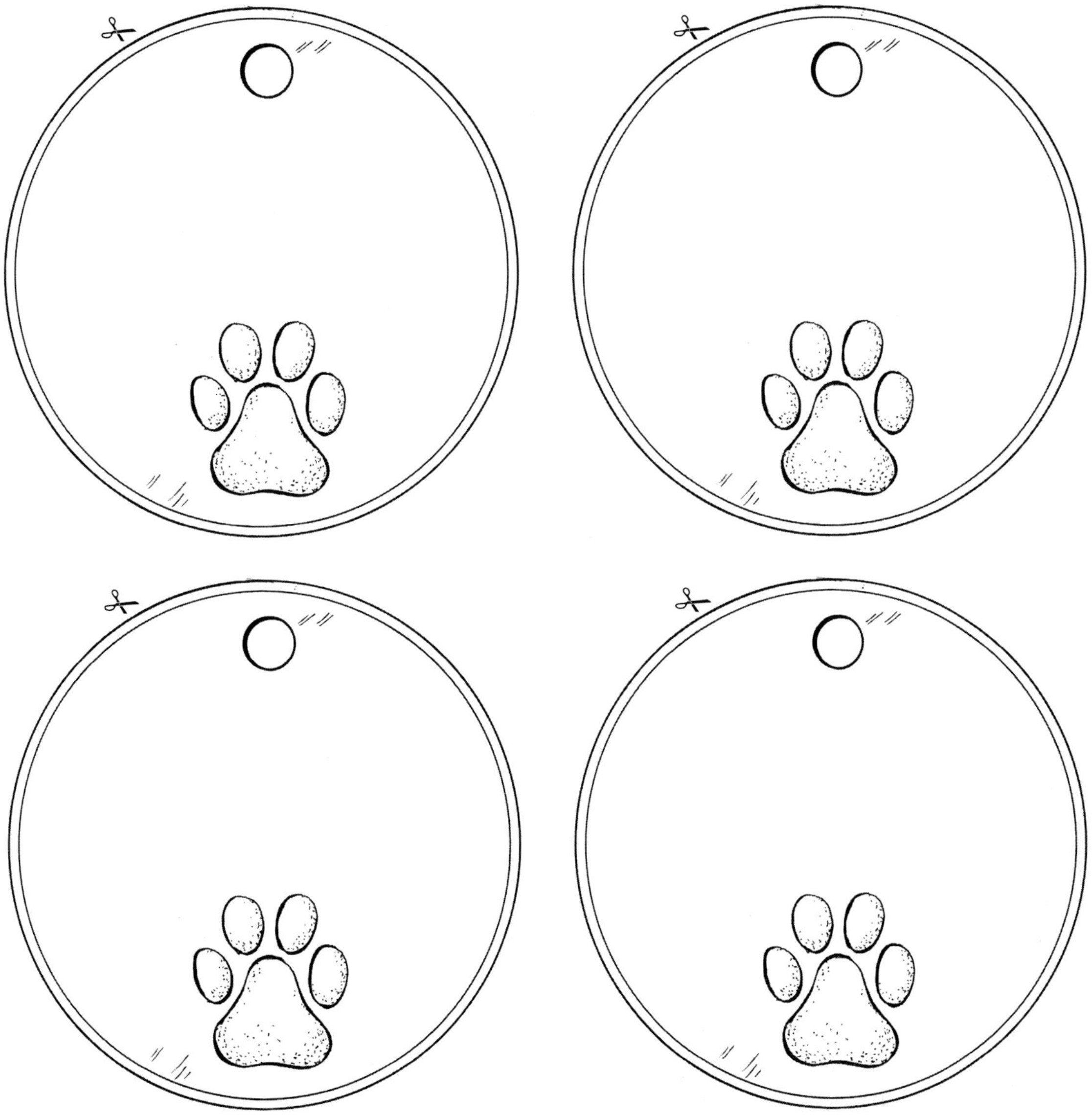

# Papptiere (1) (ab 3 Jahren)

**Material:**
Kopiervorlage „Körper“ (s. u. / S. 19), Kopiervorlage „Ohren“ (s. S. 19), Bleistift, Toilettenpapierrollen / Küchenrollen, Tonpapier in vielen Farben, Pfeifenputzer, Scheren / Prickelnadeln und -matten, Bastelkleber, Filzstifte, evtl. Wolle

**Arbeitsanleitung:**
1. Zunächst wird der Körper der Tiere aus dem Tonpapier zurechtgeschnitten. Übertragen Sie dafür mit dem Bleistift die entsprechende Kopiervorlage „Körper“ auf das Tonpapier. Wählen Sie zuvor zwischen „Körper“ A (Hund mit spitzen Ohren und Katze) und Körper B (Hase, Kaninchen, Hamster, Maus, Hund mit Schlappohren).
2. Die Kinder schneiden oder prickeln den Körper aus.
3. Die Kinder bekleben die Klopapierrollen dann mit dem Tonpapier. Dafür das Tonpapier mit Kleber bestreichen und um die Klopapierrolle wickeln.
   **Achtung:** Bei den Tieren mit spitzen Ohren bitte oben einen Rand ohne Kleber lassen.
4. Wenn die Kinder ein Tier mit spitzen Ohren machen, falten sie das Tonpapier oben zweimal zur Mitte hin zusammen. So entstehen spitze Ohren.
   Für die Tiere mit hängenden oder runden Ohren wird die Kopiervorlage „Ohren“ auf das Tonpapier übertragen, ausgeschnitten / ausgeprickelt und angeklebt.
5. Wenn der Kleber unter dem Tonpapier ganz getrocknet ist, malen die Kinder noch die Gesichter der Tiere mit den Filzstiften auf: zwei Augen, eine kleine Nase und Schnurrhaare.
6. Zum Schluss (je nach Tierart) noch einen Pfeifenputzer als Schwanz auf der Rückseite ankleben.

## Kopiervorlage „Körper A“

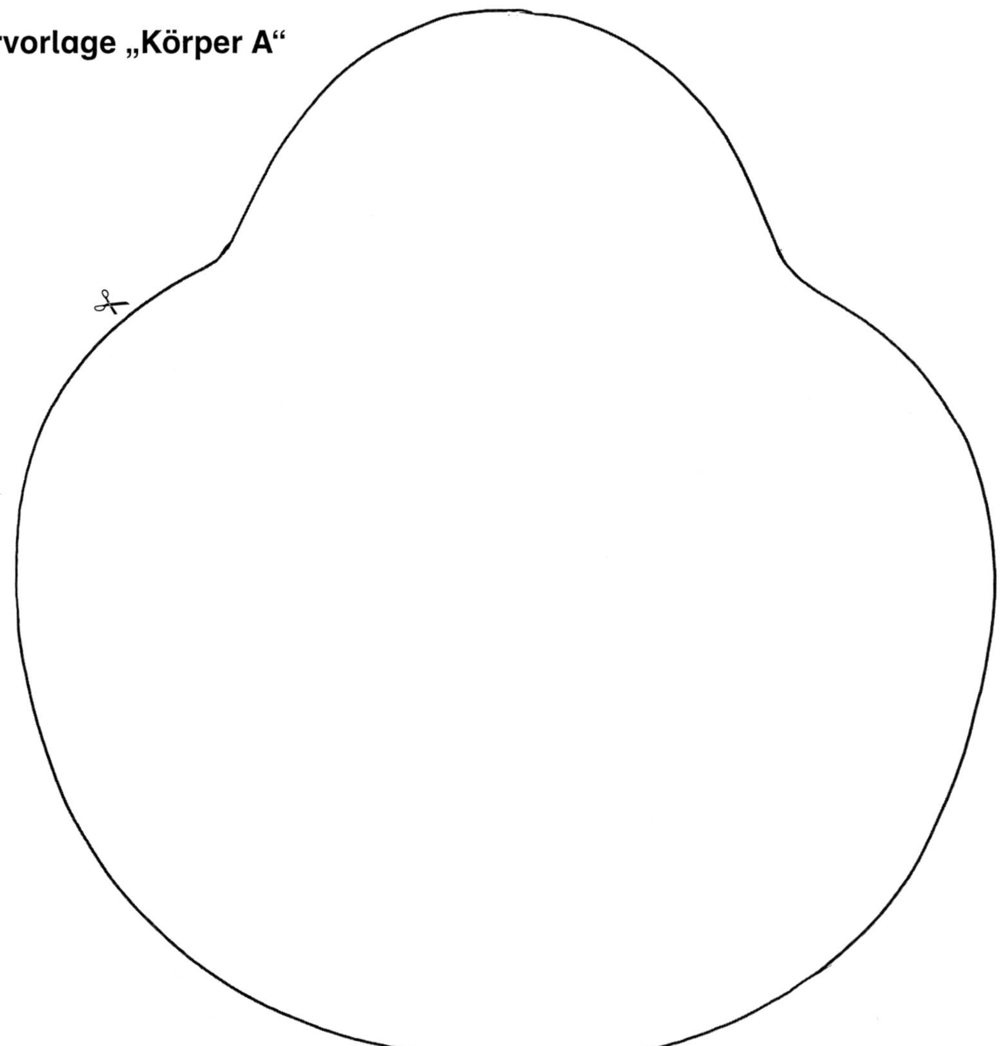

# Papptiere (2) (ab 3 Jahren)

## Kopiervorlage „Körper B“

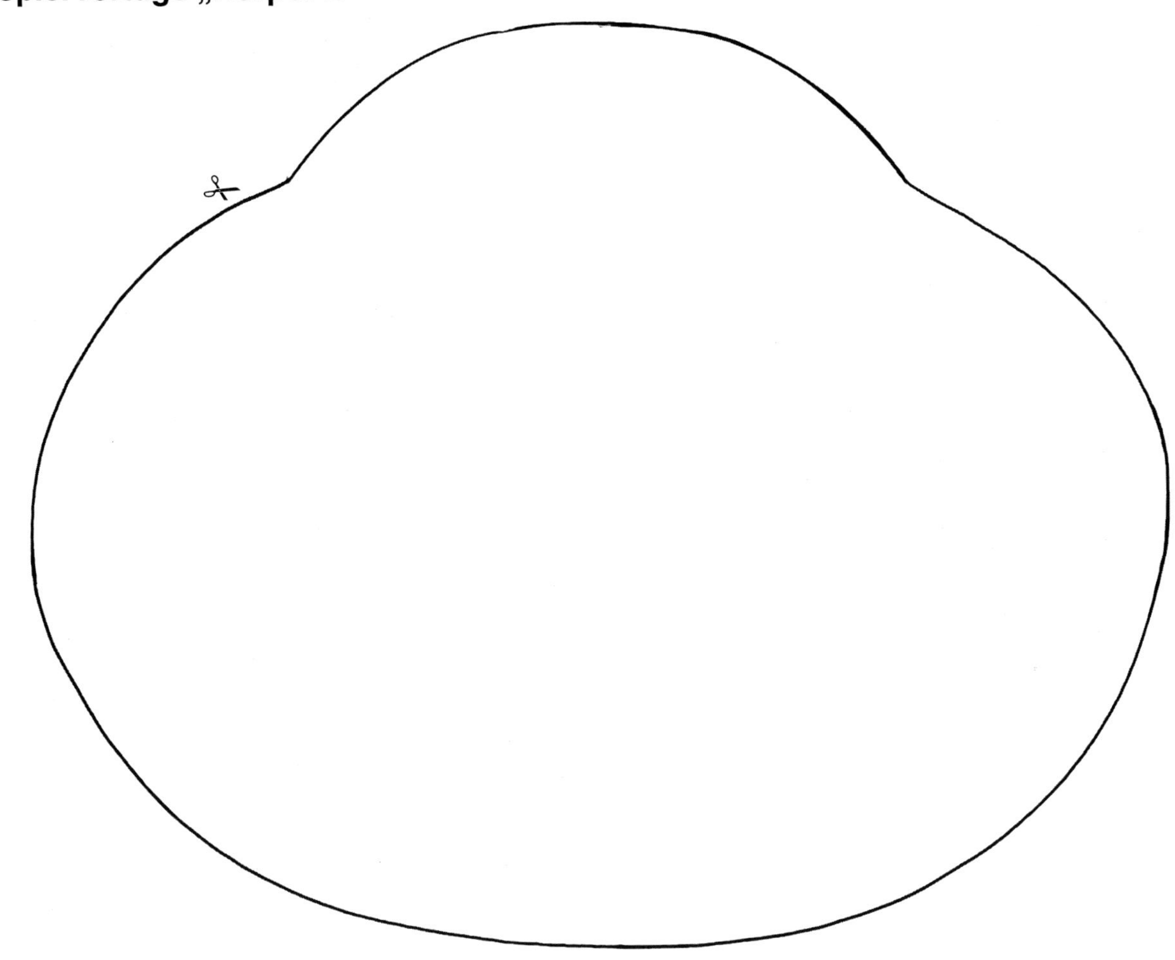

## Kopiervorlage „Ohren“

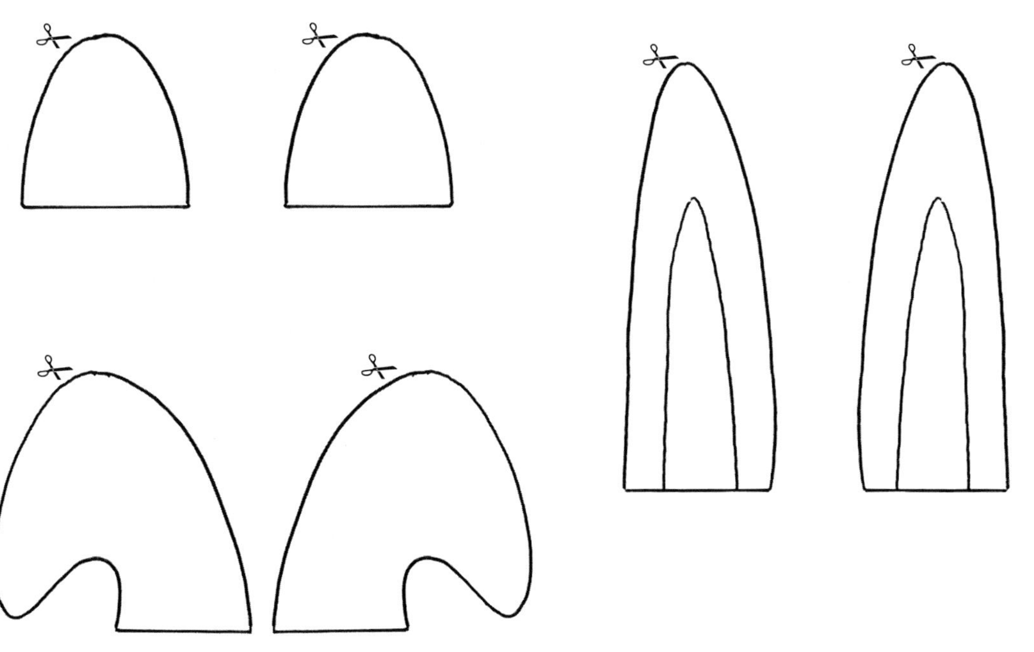

# Kunterbunter Papagei (ab 4 Jahren)

**Material:**

Kopiervorlage „Papagei" (s. u.), Papier, Bleistifte, fester weißer oder pastellfarbener Tonkarton, Tonpapier in vielen Farben, Scheren, Bastelkleber, schwarze Filzstifte

**Vorbereitung:**

Jedes Kind überträgt mit dem Bleistift seine Hand auf ein Blatt Papier. Der untere Teil der Hand wird einfach durch einen Strich verschlossen. Anschließend schneiden die Kinder ihre Hand aus.

**Arbeitsanleitung:**

1. Die Kinder legen ihre Handschablone nun mehrmals auf Tonpapier in verschiedenen Farben. Sie übertragen dabei jeweils ihre Handschablone mit dem Bleistift auf die Tonpapiere und schneiden die Hände aus. Etwa fünf bis sechs „Hände" werden für einen Papagei benötigt.
2. Anschließend den Körper, den Schnabel und die Augen auf den Tonkarton übertragen und ausschneiden.
3. Die Kinder arrangieren nun erst einmal den Kopf, den Schnabel und die bunten „Hände" auf dem festen Tonkarton zu einem Papagei. Die Hände überlappen sich dabei und die „Finger" zeigen schräg nach unten. Sie bilden das Gefieder des Vogels.
4. Wenn die Kinder mit dem Ergebnis zufrieden sind, werden alle Teile aufgeklebt.
5. Zum Schluss noch das kleine Auge aufkleben und mit schwarzem Filzstift eine Pupille hineinmalen.

## Kopiervorlage „Papagei"

# Bilderrahmen für mein Haustierbild (ab 5 Jahren)

**Material:**
Zweige, evtl. 1 Gartenschere, Schnur / Wolle, Pappe oder Tonkarton, Scheren, 1 Prickelnadel / und -matte, Bastelkleber, Bilder von Haustieren, evtl. alte Zeitschriften, evtl. Acrylfarben

**Vorbereitung:**
Sammeln Sie im Wald oder Park verschieden große Zweige. Kürzen Sie diese bei Bedarf mit einer Gartenschere.
Drucken Sie Bilder von verschiedenen Haustieren aus oder stellen Sie den Kindern alte Zeitschriften zur Verfügung, aus denen sie Tiere ausschneiden können.
Kinder, die eigene Haustiere haben, bringen von zu Hause ein Foto ihres Hautieres mit.

**Arbeitsanleitung:**

1. Die Kinder binden je vier Zweige zu einem Rahmen zusammen. Wenn es nötig ist, gehen Sie den Kindern dabei zur Hand.

2. Angepasst an die Größe des Bilderrahmens wird nun der Tonkarton zurechtgeschnitten. Das Rechteck sollte ein wenig kleiner sein als der Innendurchmesser des Rahmens.

3. In jede Ecke des Tonkartons wird nun mit der Prickelnadel ein kleines Loch gebohrt. Übernehmen Sie diesen Part, damit die Kinder sich nicht verletzen.

4. Die Kinder kleben nun ein Foto ihres eigenen Haustieres oder ein Bild eines Wunschhaustieres auf den Tonkarton. Die Löcher sollten dabei nicht bedeckt werden! Wenn die Bilder klein sind, kann auch eine Collage entstehen und Leerräume bemalt werden.

5. Schneiden Sie für jedes Kind vier etwa gleich lange Wollfäden ab. Die Kinder fädeln je einen Faden durch ein Loch und verknoten diesen. Danach werden die Fäden an die Ecken des Rahmens geknotet. Möglicherweise brauchen die Kinder beim Festknoten Ihre Hilfe.

6. Für jeden Rahmen wird noch eine längere Schnur benötigt, die an den beiden oberen Enden des Bilderrahmens als Aufhänger befestigt werden.

**Tipp:**
Wenn die Rahmen bunter sein sollen, können die Zweige vor dem Zusammenbinden mit Acrylfarbe bemalt werden.

# Mäuse, Hasen und Vögel (ab 2 Jahren)

**Material:**
Malpapier, Fingerfarben, Filzstifte

**Arbeitsanleitung:**
1. Die Kinder tunken ihre Finger leicht in die Wunsch-Farben und drücken sie auf das Papier. Vor dem nächsten Schritt sollte die Farbe trocknen.
2. Anschließend werden mit Hilfe von Filzstiften aus den Fingerabdrücken Mäuse und Hase oder Vögel. Dafür Knopfaugen, Nasen und Schnurrhaare aufmalen. Ebenso lange Ohren für die Hasen und runde Ohren für die Mäuse an die Abdrücke malen. Für die Mäuse noch einen dünnen Schwanz zeichnen. Die Hasen können auch in der Rückansicht zu sehen sein, dann entfällt das Malen vom Gesicht. Stattdessen zeichnen die Kinder in den unteren Bereich des Abdruckes ein Stummelschwänzchen. Bei den Vögeln können die Kinder einen Schnabel, Flügel und Beine dran machen. Lustig wird es, wenn die Vögel zu mehreren auf einer Stange sitzen.

**Tipp:**
Helfen Sie kleineren Kindern dabei, die Gesichts- und Körperteile an ihre Fingerabdrücke zu malen.

# Stoffcollage „Fisch“ (ab 5 Jahren)

**Material:**
Kopiervorlage „Fisch und Schuppen“ (s. S. 23), Stoffreste in vielen Farben und Mustern, Stoffmalkreide, Scheren, Bastelkleber, Tonkarton

**Vorbereitung:**
Kopieren Sie je Kind einmal die Vorlage „Fisch und Schuppen“.

**Arbeitsanleitung:**
1. Zunächst werden die Einzelteile aus der Vorlage ausgeschnitten.
2. Die Kinder suchen sich mehrere Stoffstücke aus.
3. Sie übertragen die Kopiervorlagen mit der Stoffmalkreide auf die Stoffstücke. Die Schuppen müssen dafür sechs- bis achtmal übertragen werden.
4. Dann schneiden sie den Fisch und die Schuppen aus.
5. Wenn alle Teile ausgeschnitten sind, wird der Fisch aufgeklebt.
6. Danach werden die Schuppen überlappend auf den Fischkörper geklebt.

## Kopiervorlage „Fisch“

BVK • Angelica Back: Kita aktiv „Projektmappe Haustiere“

## Was braucht die Katze? (ab 3 Jahren)

Was braucht die Katze? Kreise ein.

Male die Sachen bunt an.

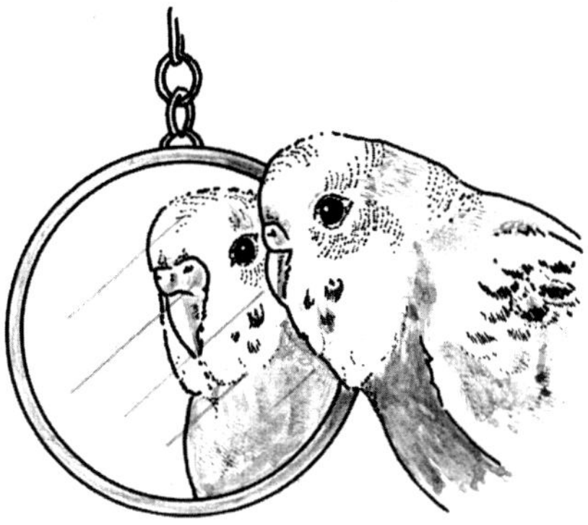

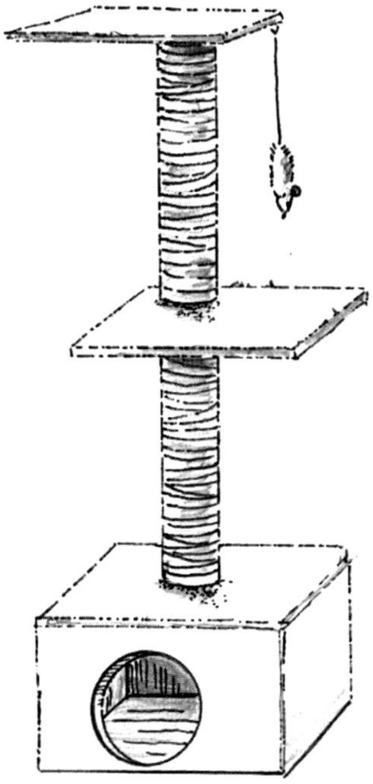

BVK • Angelica Back: Kita aktiv „Projektmappe Haustiere“

# Was braucht der Hund? (ab 3 Jahren)

Was braucht der Hund? ✏○ Kreise ein.

🖌 Male die Sachen bunt an.

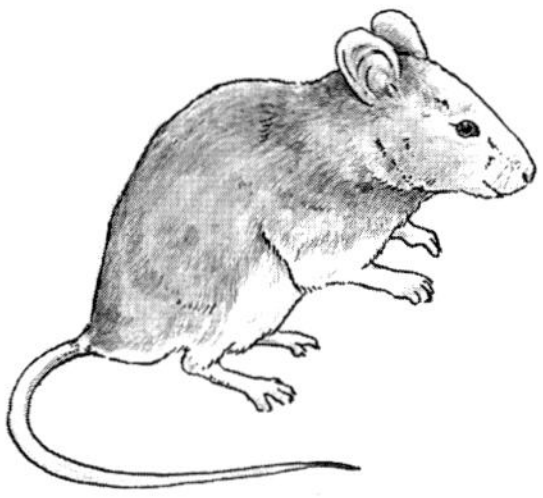

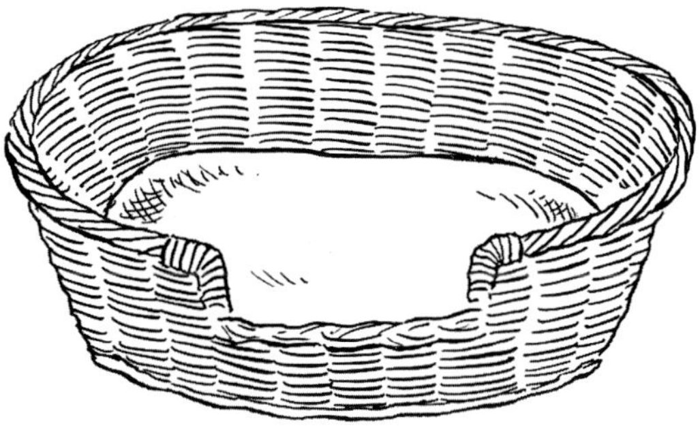

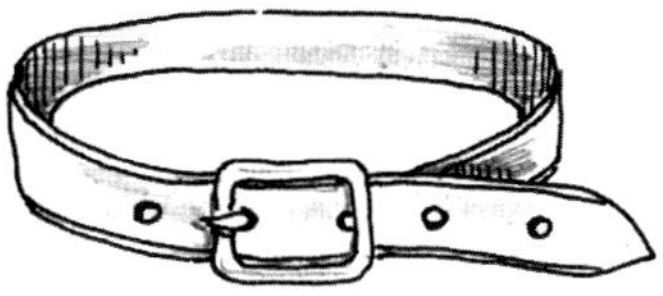

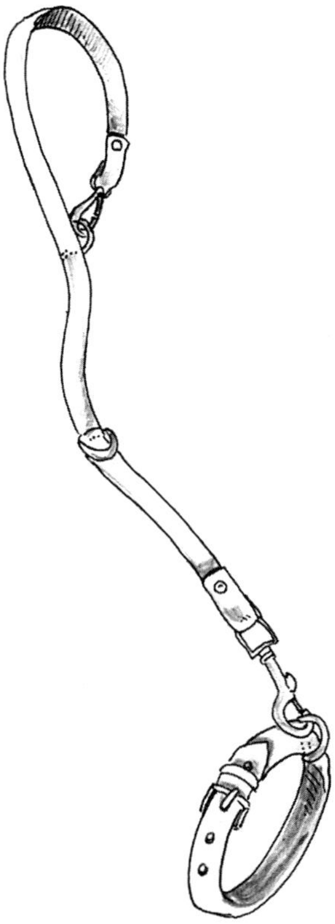

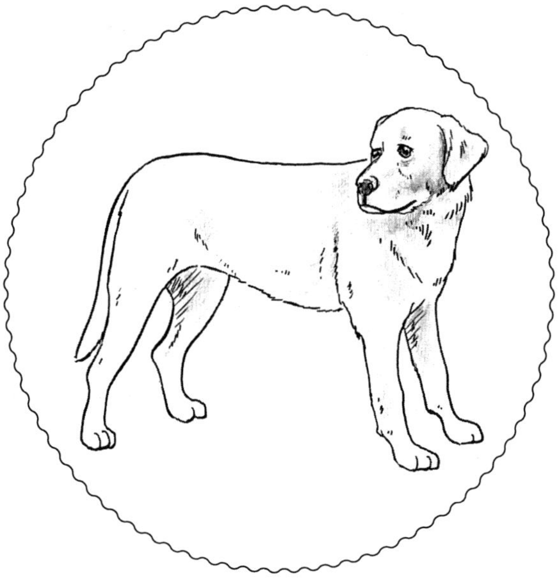

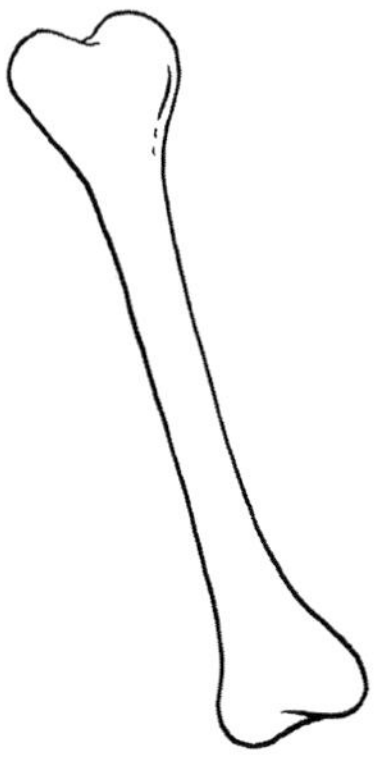

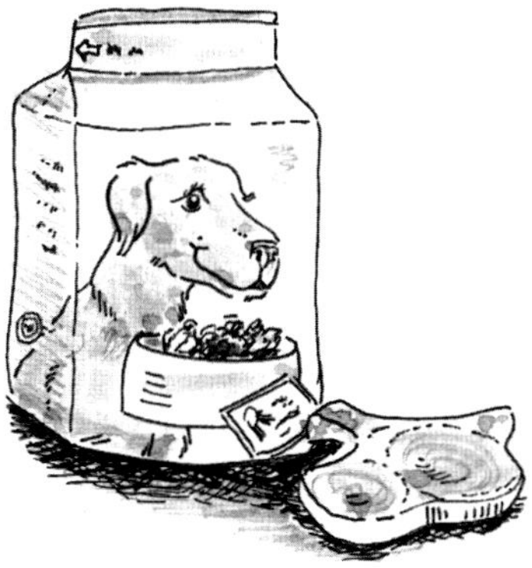

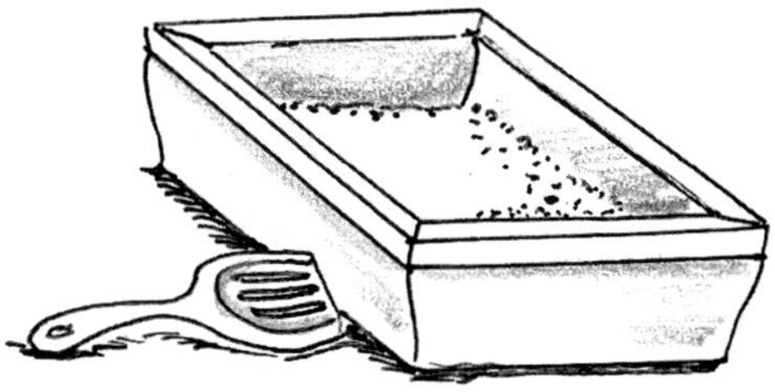

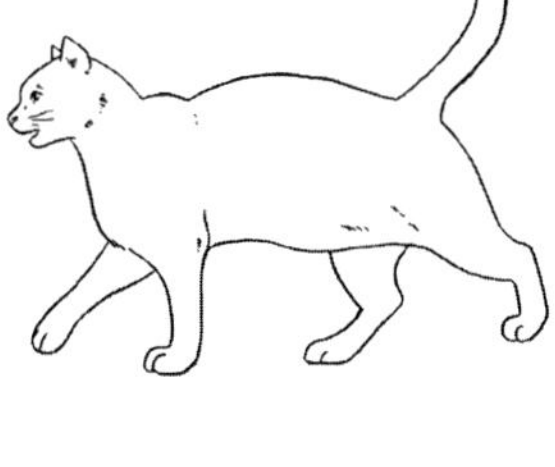

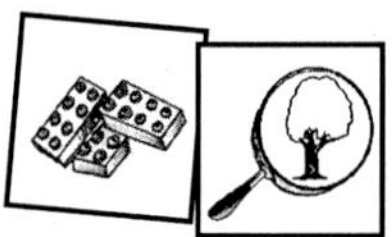

# Der hungrige Hamster (ab 2 Jahren)

**Material:**
Kopiervorlage „Der hungrige Hamster“ (s. S. 27), Kopiervorlage „Futter“ (s. S. 28), Tonkarton (in Grau, Orange oder Braun), 1 braune Acrylfarbe, 1 Pinsel, 1 schwarzer Filzstift, Scheren, Bastelkleber, 1 leere und saubere große Konservendose ohne Deckel, Schalen, „Futter“ für den Hamster (z. B.: Holz-Obst / -Gemüse aus dem Kaufladen, verschiedenfarbige Spielsteine / Murmeln etc.), ggf. Filzstifte in vielen Farben

**Arbeitsanleitung:**
1. Die Dose mit der Acrylfarbe anmalen.
2. Die Hamsterkopf-Vorlage auf ein passendes Stück Tonkarton kleben.
3. Den Hamsterkopf und die Futterkärtchen kopieren und ausschneiden.
4. Wenn die Acrylfarbe auf der Dose getrocknet ist, kleben Sie den Hamsterkopf auf die Öffnung der Konservendose.
5. Stellen Sie das „Futter“ sortiert in Schälchen bereit. Sollten Sie nur Spielsteine / Murmeln zur Verfügung haben, sollten diese nach Farben sortiert sein, sodass jede Farbe eine andere Futtersorte darstellt. Kleben Sie an jedes Schälchen ein Futterkärtchen, durch das die Kinder erkennen können, um welches „Futter“ es sich handelt.
   **Achtung:** Es soll natürlich auch falsches „Futter“ angeboten werden, also solches, das für Hamster nicht geeignet ist.
   **Wichtig:** Das „Futter“ sollte durch den Mund des Hamsters passen.

**Spielmöglichkeiten:**

**1. Einzelne Kinder:**
1. Das Kind schaut sich genau an, welches Futter in den Schalen ist. Es überlegt sich, was davon wohl ein Hamster frisst.
2. Dann steckt es ihm dieses Futter „in den Mund“, sodass es in die Dose fällt.
3. Wenn es mit seiner Auswahl fertig ist, schauen Sie sich gemeinsam mit dem Kind den „Mageninhalt“ des Hamsters an.
4. Das Kind kann erzählen, warum es den Hamster damit gefüttert hat. Machen Sie das Kind darauf aufmerksam, falls auch falsches Futter in der Dose ist. Überlegen Sie zusammen, warum ein Hamster das nicht fressen darf.

**2. Vier bis fünf Kinder gemeinsam:**
1. Drucken Sie für jedes teilnehmende Kind einen Bogen mit den Futterkärtchen aus.
2. Jedes Kind sucht sich eine eigene Farbe aus und malt damit einen Punkt in eine Ecke seiner Karten.
3. Legen Sie vorher fest, wie viele Runden das Spiel dauern soll. Gut wären etwa 5 bis 6 Runden. Reihum steckt jedes Kind eine seiner Karten verdeckt „in den Mund“ des Hamsters, indem es die Karte zusammenrollt oder faltet.
4. Nach der letzten Runde wird ausgewertet, welche Kinder dem Hamster das meiste „richtige“ Futter gegeben haben.

# Kopiervorlage „Der hungrige Hamster“

# Kopiervorlage „Futter“

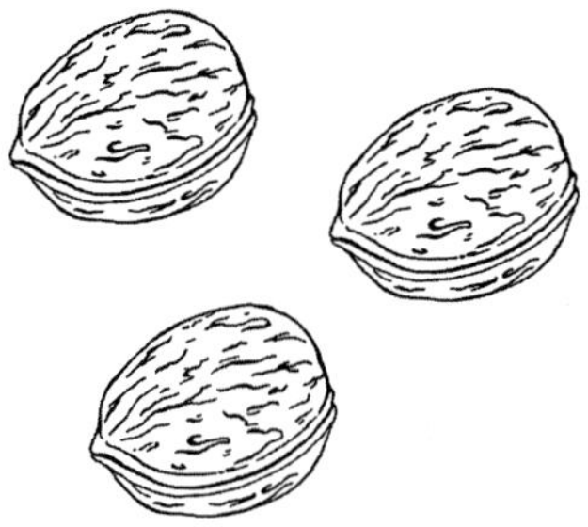

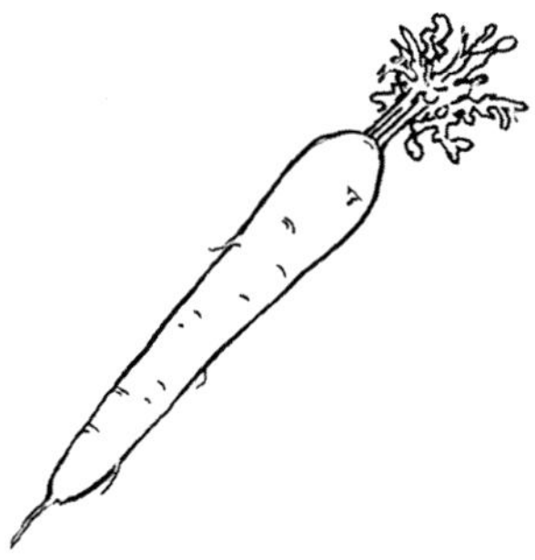

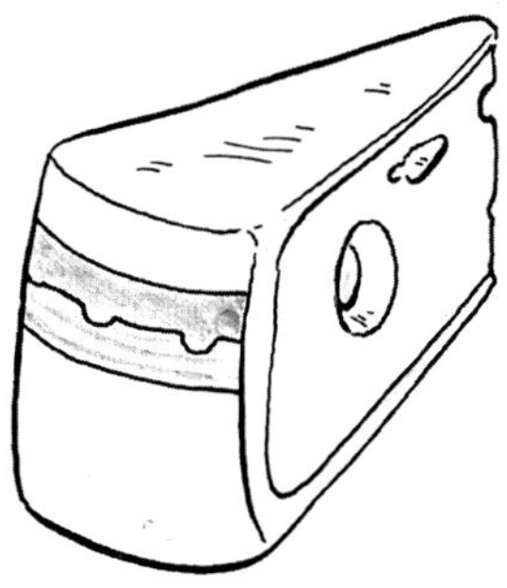

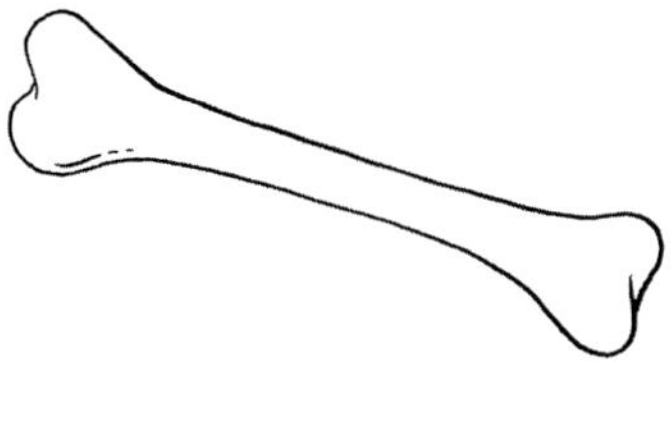

BVK • Angelica Back: Kita aktiv „Projektmappe Haustiere“

# Was gehört zu welchem Tier? (ab 4 Jahren)

Was passt? Verbinde die Bilder.

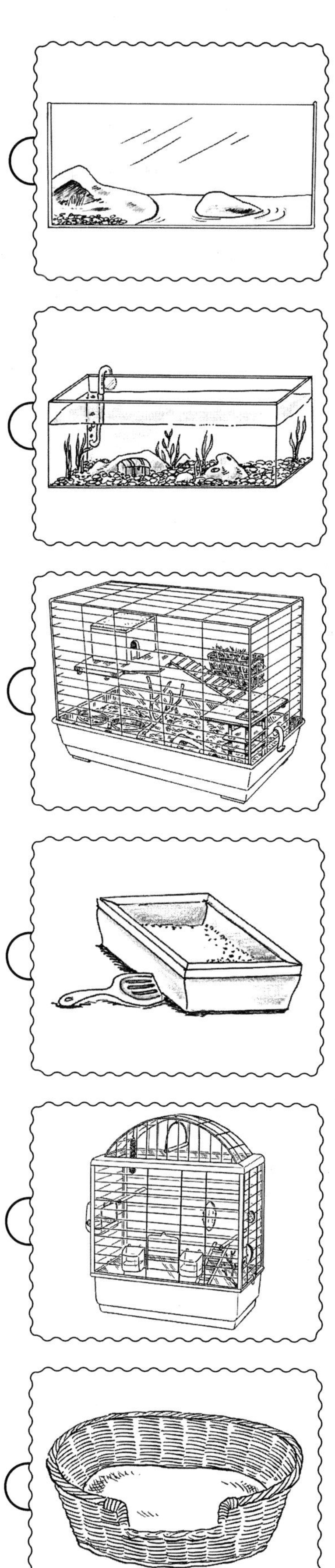

BVK • Angelica Back: Kita aktiv „Projektmappe Haustiere“

# Bilderrätsel in der Natur (ab 5 Jahren)

**Material:**

Naturmaterialien (z. B.: Blätter, Zweige, Zapfen, Steine), evtl.: 1 Wanne o. Ä., 1 Spielsand, Spielsachen

**Durchführung:**

1. Die Kinder suchen auf dem Außengeländer der Kita oder bei einem Ausflug nach Zweigen, Zapfen, Blättern und anderen Dingen, die die Natur hergibt.
2. An einer flachen Stelle auf dem Boden wird Laub oder Ähnliches zur Seite geschoben, sodass eine freie Legefläche entsteht.
3. Hier legen die Kinder dann alle gesammelten Schätze auf einen Haufen, damit sich alle davon nehmen können. Alternativ verwendet jedes Kind nur das, was es selbst gefunden hat.
4. Ein Kind fängt nun an und legt ein Tier aus den Naturmaterialien. Der Fantasie sind hierbei keine Grenzen gesetzt. Sollten die Kinder damit noch Schwierigkeiten haben, legen Sie bitte die ersten Tiere mit den Kindern gemeinsam.
5. Die anderen Kinder müssen raten, welches Tier jeweils dargestellt werden soll.
6. Danach ist das nächste Kind an der Reihe.

**Variation:**

Um das Bilderrätsel drinnen zu spielen, benötigen Sie ein größeres Gefäß, das Sie mit Sand befüllen. Zum Legen der Tierfiguren können die Kinder ebenfalls Naturmaterialien, aber auch verschiedene Spielsachen aus dem Spielbereich verwenden.

**Hinweis:**

Am besten werden nur die Naturmaterialien verwendet, die auf dem Erdboden liegen. Hierbei können die Kinder bereits Achtsamkeit in Bezug auf die Natur lernen. Erklären Sie ihnen, dass sie nicht unnötig Teile von Pflanzen und Bäumen abreißen sollen. Auf gar keinen Fall darf Rinde von den Bäumen entfernt werden, weil dadurch Parasiten in den Stamm eindringen und dem Baum großen Schaden zufügen können. Wird rundherum Rinde vom Baumstamm geschält, stirbt der Baum. Auch Moos sollte nicht abgerissen werden, denn viele Arten stehen unter Naturschutz. Außerdem leben im Moos viele Insekten.

# Welches Körperteil gehört zu welchem Tier? (ab 3 Jahren)

Verbinde die Körperteile mit den passenden Tieren.

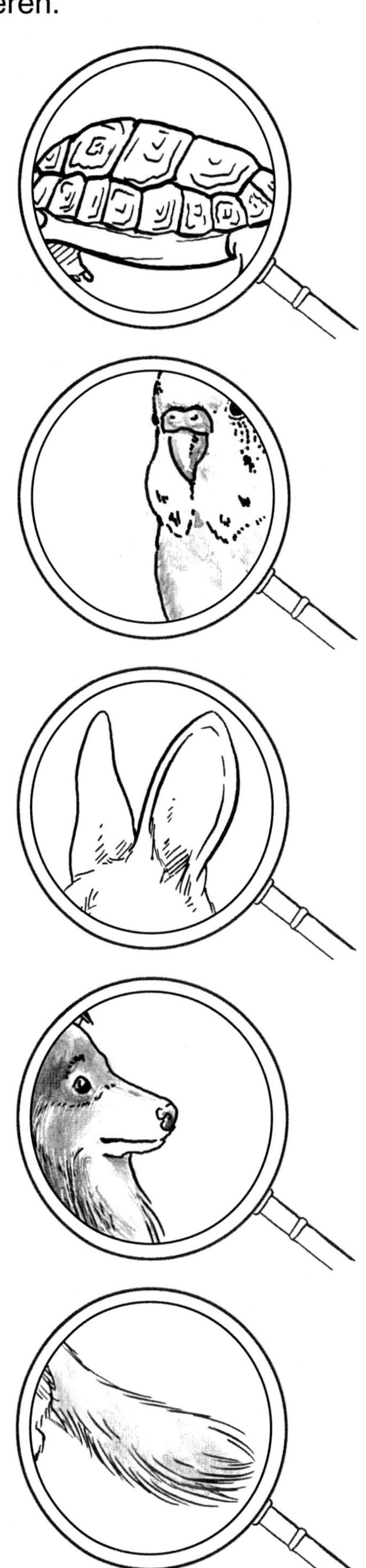

BVK • Angelica Back: Kita aktiv „Projektmappe Haustiere“

# Kartoffeltiere (ab 2 Jahren)

**Zutaten:**
Kartoffeln, 1 Prise Salz, verschiedene Gemüse-, Salat- und Kräutersorten, die roh verzehrt werden können (z. B.: Radieschen, Karotten, Gurken, Feldsalat, Petersilie, Schnittlauch), Nüsse, Rosinen

**Arbeitsmittel:**
1 Herd, 1 Kochtopf, Schneidebretter, Küchenmesser, mehrere Schüsseln, Kindermesser, Teller

**Vorbereitung:**
1. Die Pellkartoffeln waschen, mit Salz garkochen und abkühlen lassen.
2. Während der Kochzeit die Gemüse-, Salat- und Kräutersorten in kleinere Stücke schneiden und sortiert auf Schüsseln verteilen.
3. Die Kartoffeln pellen und ebenfalls als Ganzes in eine Schüssel füllen.
4. Den Tisch mit je einem Teller und einem Messer für jedes Kind decken.
5. Die Schüsseln mit Kartoffeln, Gemüse und Salaten auf dem Esstisch anrichten.

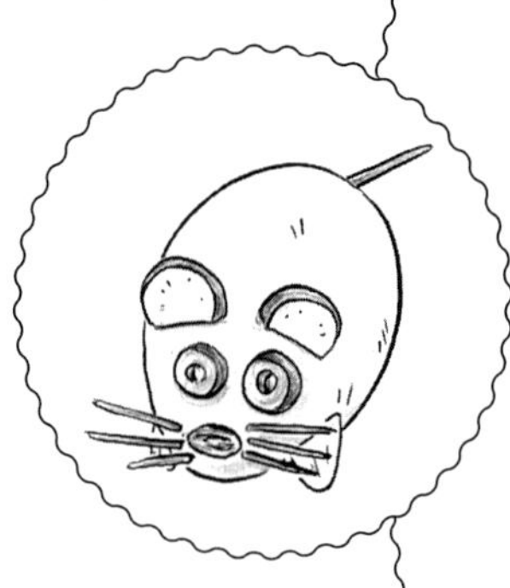

**Zubereitung:**
1. Die Kinder nehmen sich jeweils eine Kartoffel und überlegen sich, welches Haustier sie aus ihren Kartoffeln gestalten möchten.
2. Für die Ohren der Tiere wird die Kartoffel oben an zwei Stellen eingeritzt.
3. Anschließend stecken die Kinder beispielsweise Radieschenscheiben (als runde Ohren für Mäuse), längliche Karotten- oder Gurkenstücke (als stehende Ohren für Kaninchen) oder Salatblätter (als Schlappohren für Hunde) etc. hinein.
4. Für die Augen der Tiere können die Kinder die Nüsse oder Rosinen verwenden.
5. Schnurrbarthaare und Schwänze können hervorragend aus Schnittlauch oder Petersilie gesteckt werden.

Auf diese Weise können dem „Kartoffelkörper“ verschiedene „Körperteile“ in Form von Rohkostgemüse hinzugefügt werden.
Die so entstandenen Tiere werden anschließend mit Genuss verspeist – bestimmt auch von den Kindern, die Gemüse normalerweise nicht so mögen.

**Hinweis:**
Schneiden Sie für die jüngeren Kinder, die noch nicht mit einem Messer umgehen können, die Kartoffeln an den entsprechenden Stellen ein.

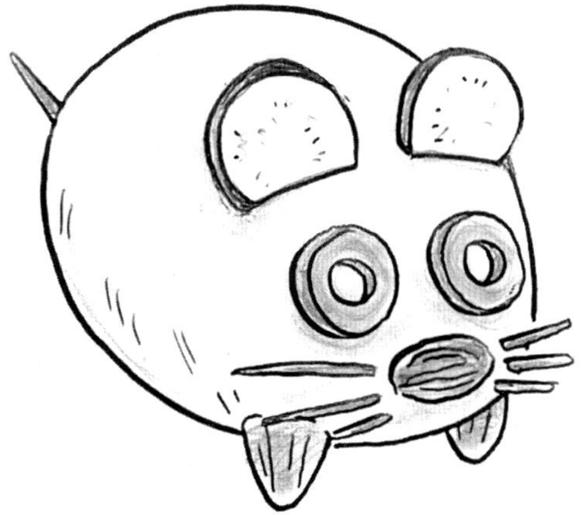

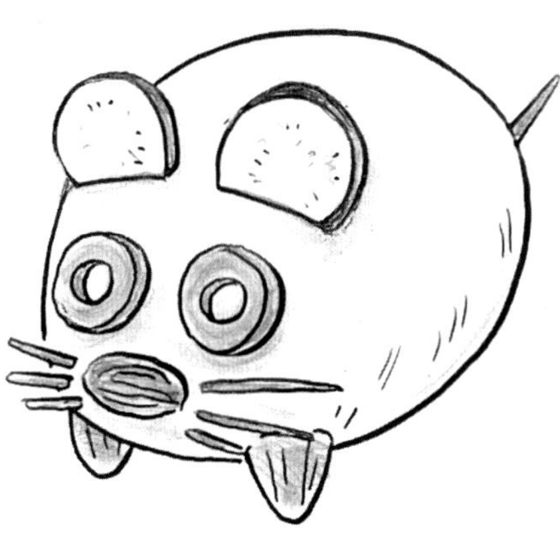

# Kaninchenwiese (ab 2 Jahren)

**Zutaten:**
Löwenzahn, Blattsalate (z. B.: Kopfsalat, Feldsalat, Rucola), Möhren, 1 – 2 Gurken, Dill oder Borretsch, Gänseblümchen

**Arbeitsmittel:**
1 große Schüssel, Küchenmesser, Schneidebretter, 1 Rohkost- / Küchenreibe, 1 Stand- oder Stabmixer, kleine Schüsseln, Gabeln

**Zubereitung:**

1. Sammeln Sie mit den Kindern Gänseblümchen und Löwenzahnblätter. Stellen Sie aber sicher, dass Sie diese an einer Stelle sammeln, wo keine Hunde ihr Geschäft verrichten können und keine Autos in unmittelbarer Nähe fahren.
2. Waschen Sie die gesammelten Gänseblümchen und Löwenzahnblätter sehr gründlich mit Wasser.
3. Waschen Sie dann mit den Kindern die Salate und restlichen Zutaten.
4. Entfernen Sie mögliche welke Blätter von den Salaten.
5. Lassen Sie die Kinder die Salate anschließend in kleine Stücke zupfen.
6. Salate und Löwenzahnblätter in die große Schüssel geben.
7. Ältere Kinder können die Möhren raspeln und zum Salat in die Schüssel füllen.
8. Nun entfernen die Kinder die Stiele von den Gänseblümchen.
9. Für die Salatsoße die Gurken, den Dill oder den Borretsch ggf. in ein hohes Gefäß geben und mit dem Stabmixer pürieren. Alternativ wird alles in den Standmixer gegeben und dort püriert. Sollte die Soße zu dickflüssig sein, noch ein wenig Wasser dazugeben.
10. Den Salat in die Schüsseln verteilen. Die Gurkensoße darauf geben und mit Gänseblümchen dekorieren.

**Tipp:**
Sie können den Salat auch abwandeln, Zutaten weglassen oder hinzufügen.
„Kaninchengerecht“ wären zum Beispiel Chicorée, Fenchel, Kohlrabi, Pastinaken, Sellerie, Zucchini, Äpfel, Birnen, Brombeeren, Erdbeeren, Himbeeren, Heidelbeeren, Melone und Trauben.

BVK • Angelica Back: Kita aktiv „Projektmappe Haustiere“

# Smoothie-Bowl „Papageienparadies“ (ab 2 Jahren)

**Zutaten:**
Obst (z. B.: Bananen, Mangos, Aprikosen, Nektarinen, Pfirsich, Kirschen, Beeren, Äpfel, Weintrauben ...), Hirse-, Buchweizen- und / oder Haferflocken, evtl. Sonnenblumenkerne, kleingehackte Haselnüsse, Walnüsse, geschrotete Leinsamen und Granatapfelkerne

**Arbeitsmittel:**
1 Stand- oder Stabmixer, ggf. 1 hohes Gefäß, Schneidebretter, Küchenmesser, kleine Schalen, mittlere Schalen, Löffel, evtl. 1 großer Teller

**Zubereitung:**
1. Schneiden Sie mit den Kindern vorab etwas Obst für das Topping in kleine mundgerechte Stücke. Richten Sie diese nach Sorten in Schälchen oder sortiert auf einem großen Teller an.
2. Füllen Sie auch die Flocken als Topping in eine Schale.
   Pürieren Sie und die Kinder die rechtlichen Früchte für den Smoothie im Stand- oder mit dem Stabmixer. Die Konsistenz sollte dick und cremig sein, damit sie gelöffelt werden kann. Die Banane bildet eine farbneutrale, cremige und süße Grundlage für alle Variationen des Smoothies. Sollte Ihr Smoothie also nicht cremig oder dick genug sein, fügen Sie noch Bananen dazu. Selbstverständlich gelingt der Smoothie auch ohne Bananen.
3. Wenn Sie eine bestimmte Farbe bevorzugen oder einen Smoothie mit verschiedenen Farbschichten herstellen möchten, sollten Sie für die einzelnen Farben bestimmte Obstsorten verwenden:
   - Rosa- und Rottöne: Himbeeren, Erdbeeren und Kirschen
   - Lila- und Blautöne: Heidelbeeren und Brombeeren
   - Gelb- und Orangetöne: Mango, Aprikose, Nektarine, Pfirsich und Papaya
4. Füllen Sie den Smoothie in Schalen. Lassen Sie bis zum Rand etwa ein Drittel frei.
5. Stellen Sie alles auf dem Esstisch bereit. Die Kinder können sich von den Toppings auswählen, was sie möchten, und damit ihre Smoothie-Bowl dekorieren.

**Tipp:**
Kinder ab vier Jahren können sich noch wahlweise Sonnenblumenkerne, kleingehackte Haselnüsse, Walnüsse, geschrotete Leinsamen und Granatapfelkerne über ihre Smoothie-Bowl streuen.

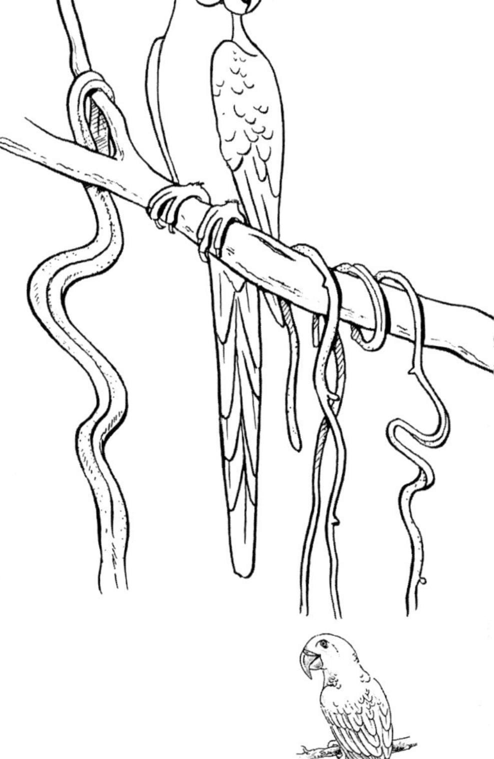

**Achtung:**
Kinder ab 2 Jahren sollten natürlich noch nicht mit den Küchenmessern schneiden. Hier können Sie für die Kinder die Zutaten fertig machen. Lassen Sie sie dann selbst aussuchen, welches Topping sie auf ihren Smoothies haben möchten.
Wegen der Verschluckungs- und Erstickungsgefahr verzichten Sie hier bitte auf zu kleine Zutaten.

# Malen nach Zahlen (ab 4 Jahren)

Male alle Felder an.

1 = hellblau, 2 = grün, 3 = braun, 4 = hellgrün, 5 = rot, 6 = gelb, 7 = orange, 8 = schwarz

## Was versteckt sich hier? (ab 4 Jahren)

Welches Tier kannst du sehen?

Verbinde die Zahlen von 1 bis 10.

Male das Bild dann bunt an.

## Wie viele Federn hat der Vogel? (für 4 Kinder, ab 4 Jahren)

**Material:**
Federn aus Kunststoff (mind. 24 Stück), Knete, 1 Würfel

**Spielmöglichkeiten:**
1. Kneten Sie oder ein Kind aus der Knete einen Vogel. Der Vogel kann minimalistisch sein und muss nicht perfekt sein.
2. Der Vogel wird in die Mitte eines Tisches gestellt. Die Federn liegen ebenfalls auf dem Tisch.
3. Das erste Kind würfelt dann mit dem Würfel. Es benennt die Augenzahl.
4. Dann nimmt es dementsprechend viele Federn.
5. Nun steckt es die Federn in den Knetvogel.
6. Das nächste Kind ist nun an der Reihe.
7. Wenn die Federn aufgebraucht sind, können die nächsten vier Kinder spielen.

## Bunte Fische (ab 4 Jahren)

**Material:**
Kopiervorlage „Fisch“ (s. S. 38), 1 Würfel, evtl. 1 Farbwürfel, Fingerfarben, kleine Schüsseln

**Anleitung:**
1. Kopieren Sie die Kopiervorlage auf die doppelte Größe. Legen Sie sie in die Mitte des Tisches. Die Schüsseln mit den Fingerfarben werden um die Kopiervorlage gestellt.
2. Jedes Kind sucht sich eine Farbe aus.
3. Das erste Kind würfelt dann mit dem Würfel.
4. Es benennt die Augenzahl und macht dementsprechend farbige Fingerabdrücke als Schuppen auf den Fisch.
5. Dann ist das nächste Kind an der Reihe.

**Alternative:**
Die Kinder würfeln der Reihe nach jeweils mit dem normalen und dem Farbwürfel. Es werden je nach gewürfelter Augenzahl und Farbe entsprechend viele farbige Tupfen auf den Fisch gedrückt.

## Kopiervorlage „Fisch“

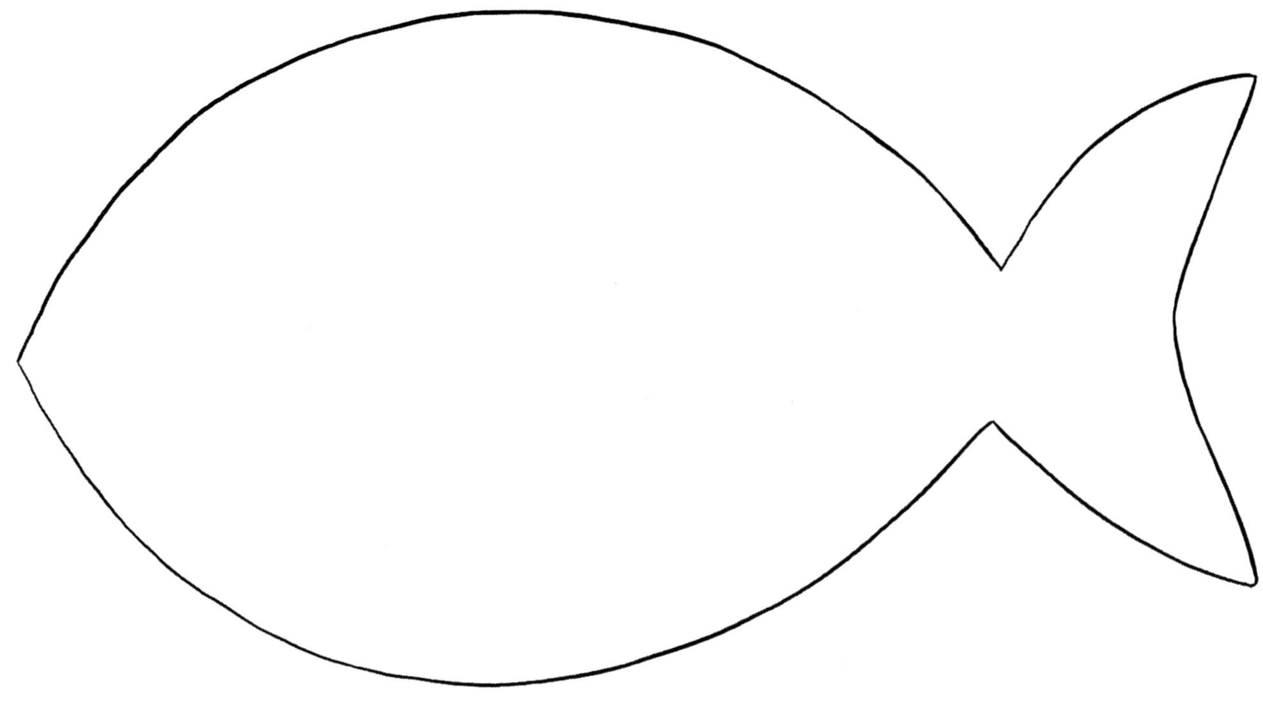

## Katzen zählen (ab 5 Jahren)

**Material:**
Kopiervorlage „Bild- und Zahlenkarten“ (s. S. 39), 1 Schere, Tonkarton, 1 Bastelkleber, ggf. 1 Laminiergerät und -folie

**Vorbereitung:**
Die Seite mit den Karten kopieren, ausschneiden und auf Tonkarton kleben. Bei Bedarf können die Karten laminiert werden.

**Spielmöglichkeit:**
1. Tierkarten verdeckt und Zahlenkarten offen auf den Tisch legen.
2. Ein Kind zieht eine Tierkarte.
3. Es zählt, wie viele Katzen auf der gezogenen Karte abgebildet sind.
4. Dann nimmt es sich die entsprechende Zahlenkarte. Diese legt es in die dafür vorgesehene Ecke auf der Katzen-Karte.
5. Nun ist das nächste Kind an der Reihe.

# Kopiervorlage „Bild- und Zahlenkarten“

| 1 | 2 | 3 | 4 | 5 |
|---|---|---|---|---|
| 6 | 7 | 8 | 9 | 10 |

# Fantasietheater der Haustiere (1) (ab 5 Jahren)

**Material:**
Bildkarten (Kopiervorlage „Tier-Karten“ s. S. 11), Geschichte „Das Fantasietheater der Haustiere“ (s. u.), Scheren, Buntstifte, Tonkarton, Eisstiele oder dünne Stöckchen, Bastelkleber, 1 größerer Karton (Verpackungsmaterial), grünes Tonpapier, 1 Stuhl

**Arbeitsanleitung:**
1. Kopieren Sie die Bildkarten. Es reicht, wenn Sie neben Hamster, Kaninchen, Meerschweinchen und Maus eine Hunde- und Katzenkarte sowie zwei Vogelkarten für das Theaterstück verwenden.
2. Die Kinder kleben die Bildkarten auf den Tonkarton und schneiden diese aus.
3. Die Kinder können die Karten nun bunt ausmalen.
4. Dann kleben Sie an jedes Tierbild einen Eisstiel oder ein dünnes Stöckchen.
5. Schneiden Sie danach ein großes längliches Loch in den Boden des Kartons. Es sollte groß genug sein, sodass die Papptiere durch das „Fenster“ des nun entstandenen Theaters gut zu sehen sind.
6. Aus dem Tonpapier werden dünne Streifen geschnitten und überlappend von innen an die untere Seite des Theaterfensters geklebt.
7. Die Kinder können das Theater noch farbig anmalen.
8. Stellen Sie das Theater auf einen Stuhl. Die Seite mit dem Fenster ist zum Publikum gerichtet.

**Spielmöglichkeit:**
1. Je ein Kind übernimmt die Rolle einer Tierfigur. Die übrigen Kinder bilden das Publikum.
2. Vor der Aufführung sollten Sie mit den Kindern das Theaterstück einüben, damit sich die Kinder sicher fühlen.
3. Während der Vorstellung lesen Sie die Geschichte laut und langsam vor, denn Sie sind die Stimme des Erzählers.
4. Außerdem erfahren die Kinder dann auch, wann ihre Rolle an der Reihe ist.

## Geschichte „Das Fantasietheater der Haustiere“

Eine Maus erscheint und läuft unruhig hin und her. Dann verschwindet sie wieder von der Bühne.
Die Katze lugt um die Ecke und geht ganz vorsichtig bis zur Mitte. Sie schaut sich langsam um und versteckt sich in einer Ecke.

Plötzlich springt der Hund laut bellend in die Szene.
Die Katze zischt ihn aus der Ecke an: „Verschwinde!“
Der Hund bleibt stehen und fragt: „Warum?“
Listig erwidert die Katze: „Ich habe eine Verabredung und will dabei ungestört sein.“

„Okay“, sagt der Hund und tut so, als ob er geht. In Wirklichkeit versteckt er sich jedoch in der anderen Ecke. Er ist zu neugierig und will wissen, mit wem sich die Katze treffen will.

Plötzlich betreten laut raschelnd und plappernd ein Kaninchen, ein Hamster und ein Meerschweinchen die Szene. Statt einfach nur vorbeizuziehen, bleiben sie mitten im Bild stehen und unterhalten sich geräuschvoll.

# Fantasietheater der Haustiere (2) (ab 5 Jahren)

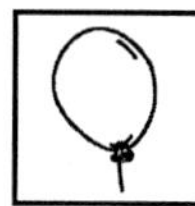

„Hast du gehört, dass in unserer Nachbarschaft wieder eine neue Katze eingezogen ist?“, fragt das Meerschweinchen das Kaninchen aufgeregt.

„Na und?“, meint dieses gelassen. „Wir haben doch nichts zu befürchten. Wir sind ja keine Mäuse!“

„Ich bin aber auch nicht viel größer als eine Maus!“, meldet sich der Hamster zu Wort und sagt zittrig: „Also ich habe schon ein bisschen Angst vor so einem gefährlichen Raubtier!“

Die beiden anderen lachen.

Genervt faucht die Katze aus ihrer Ecke: „Weg mit euch! Geht weiter!“
Überrascht und erschreckt halten die Nagetiere in ihrer Unterhaltung inne und blicken sich um, woher das Fauchen kam. Sie können jedoch niemanden sehen und setzen ihr Gespräch fort.

„Haut ab!“, kreischt die Katze, „Sonst fress' ich euch!“
Eilig und schreiend rennen Kaninchen, Hamster und Meerschweinchen weg.

Kaum sind die drei Nagetiere aus dem Bild, kommen schon zwei Vögel angeflattert.
Sie setzen sich und suchen auf dem Boden nach Körnern und Würmern.

Statt wieder etwas zu rufen, schleicht sich die Katze langsam an die Vögel heran.
„Auch ein leckeres Mittagessen“, flüstert sie leise und freut sich.

Die Vögel sehen sie jedoch rechtzeitig. Sie piepsen laut und fliegen weg.
Enttäuscht zieht sich die Katze wieder in ihr Versteck zurück.

„War das deine Verabredung?“, bellt der Hund Richtung Katze.
„Der schon wieder“, denkt sie laut. „Du bist ja immer noch da! Beobachtest du mich etwa?“, fragt sie ihn misstrauisch.

„Ich? Nein, nein! Wie kommst du nur auf diese Idee? Bin zufällig noch mal vorbeigekommen“, stottert der Hund.

„Glaub' ich dir nicht!“, faucht sie und rennt auf ihn zu. Der Hund läuft vor ihr weg und sie springt ihm hinterher.

Unbeobachtet trippelt noch einmal die Maus ins Bild, schaut sich vorsichtig um und verschwindet dann wieder still und leise.

# Spielstation „Tierheim“ (ab 3 Jahren)

**Material:**
Kopiervorlage „Spielstation Tierheim“ (s. S. 43), Kopiervorlage „Namensschilder“ (s. S. 43 unten), Stofftiere, Unterkünfte für Tiere (Kisten, Einkaufs- / Weidenkörbe, Kartons, Wäschekörbe o. Ä.), alte Decken / Kissen oder Stoffreste, Näpfe für die Tiere (Schälchen, Schachteln o. Ä.), Tierfutterbehälter (z. B.: Dosen, Marmeladen- oder Einmachgläser), altes Tierspielzeug, Halsbänder (s. S. 16), Leinen (z. B.: Bänder, Schnüre, oder Kordeln), Tierfutter (z. B.: zerknülltes Papier, Steine, Murmeln oder Zapfen), 1 Spielzeug-Arztkoffer, 1 Waage, leere und saubere Behälter für „Medizin“ und „Reinigungsmittel“ (Plastikflaschen, Sprühflaschen, Vorratsdosen o. Ä.), Putzzeug (Schaufel, Handfeger, Wischmopp o. Ä.), Arbeitskleidung für die „Tierheim-Mitarbeiter“ (z. B.: Kittel, Schürzen, Westen, große T-Shirts oder Hemden zum Knöpfen), kleine Tische, 1 Spieltelefon, Papier und Stifte, evtl. alter Computer / Laptop, 1 Klebefilm

**Vorbereitung und Aufbau:**
1. Besorgen Sie die Requisiten. Fragen Sie auch bei den Eltern der Kinder nach.
2. Kopieren Sie die Stationenschilder. Die Namensschilder bitte mehrfach kopieren.
3. Richten Sie gemeinsam mit den Kindern das Tierheim in einer Spielecke ein. Die Unterkünfte der Tiere werden aufgestellt. Die Kinder kleiden diese mit Decken / Kissen oder Stoffresten aus, damit die Tiere es gemütlich haben.
4. Eine Station wird mit dem sauberen Putzzeug und den „Reinigungsmitteln“ bestückt. In die Plastikflaschen wird dafür eventuell Wasser gefüllt. Die Flaschen können natürlich auch leer bleiben.
5. Eine andere Station ist der medizinische Bereich. Hier liegen der Arztkoffer und die Medikamente für die Tiere bereit.
6. Ein Bereich wird als „Küche“ hergerichtet. Hier werden Behälter mit „Tierfutter“ und die Näpfe aufbewahrt.
7. Eine Ecke soll dabei eine „Spielecke“ für die Tiere werden. Dort befindet sich dafür das Tierspielzeug.
8. Dann gibt es auch ein Büro mit einem „Schreibtisch“, dem Telefon, dem Papier und den Stiften. Wenn vorhanden, kann hier noch ein alter Computer aufgestellt werden.
9. An jeder Station wird das passende Schild aufgehängt oder mit Klebefilm festgeklebt.

**Durchführung:**
1. Die Kinder, die die Tierheim-Mitarbeiter spielen, ziehen sich ihre „Arbeitskleidung“ an.
2. Die Stofftiere bekommen ihren eigenen Platz in den Unterkünften. Alternativ können sie von anderen Kindern, den „Besuchern“, erst ins Tierheim gebracht werden. Die Kinder überlegen sich dann auch, warum sie das Tier abgeben (z. B.: Familienmitglied ist allergisch; Tier ist draußen gefunden worden; Besitzer ist sehr krank oder gestorben; wegen Umzug; Familie zieht aus beruflichen Gründen ins Ausland …)
3. An jede Unterkunft wird eines der kopierten Schilder befestigt und mit dem Tiernamen beschriftet.
4. Jedes Kind betreut eine eigene Spielstation und macht sich mit den entsprechenden Aufgaben vertraut. Später kann gewechselt werden.
   - Im Küchen-, Reinigungs-, Pflege- und Spielbereich können auch je zwei Kinder beschäftigt sein, da es hier jeden Tag viel zu tun gibt.
   - In der Arzt-Station werden die Tiere regelmäßig untersucht oder werden dorthin gebracht, wenn sie krank sind.
   - Im „Büro“ sitzt eventuell ein Kind, das schon ein wenig schreiben kann. Oder das Schreiben wird nur imitiert. Während dem Telefonieren, bzw. bei einer Anfrage, notiert das Kind im Büro Telefonnummern, etc.
   - Ein Kind kann auch den Leiter bzw. die Leiterin des Tierheimes spielen, die Besucher herumführen und beraten.

**Hinweis:**
**Bitte keine leeren Medikamentenbehälter verwenden!** Die Kinder sollen nicht auf die Idee gebracht werden, irgendwo anders mit Arzneimitteln zu spielen.

# Spielstation „Tierheim“

**Kopiervorlage „Spielstation Tierheim“ (bei Bedarf bitte hochkopieren)**

| | |
|---|---|
| Unterkünfte | Küche |
| Krankenstation | Putzraum |
| Büro | Spielecke |

**Kopiervorlage „Namensschilder“ (bei Bedarf bitte hochkopieren)**

| | |
|---|---|
| Name: | Name: |
| Name: | Name: |
| Name: | Name: |

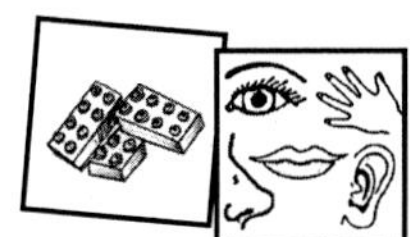

# Entspannungsreise „Vogelflug“ (ab 2 Jahren)

**Material:**
bequeme Kleidung, warme Socken, Gymnastikmatten, kuschelige Decken, Kissen, gemütliche Lichtquellen (z. B.: Lichterketten, Salzkristalllampen, LED-Kerzen), entspannende Instrumentalmusik

**Vorbereitung:**
Legen Sie für jedes Kind eine Matte, eine Decke und ein Kissen auf den Boden eines ruhigen Raums. Verteilen Sie dort die Lichtquellen. Halten Sie die Entspannungsmusik bereit. Währenddessen ziehen sich die Kinder bequeme Kleidung und warme Socken an. Bitten Sie die Mädchen und Jungen in den Raum. Jedes Kind sucht sich einen Platz aus, auf dem es sich mit Decke und Kissen so bequem wie möglich einrichten darf. Wenn alle zur Ruhe gekommen sind, lesen Sie die Geschichte langsam vor. Bei den drei Punkten (…) machen Sie eine Pause.

## Entspannungsreise „Vogelflug“

Ich spüre den Boden unter mir, fühle mich sicher und geborgen ... Ich atme ruhig ein und aus, ein und aus … Ich bin ganz entspannt …
Über mir sehe ich den blauen Himmel mit weißen Wolken … Unter mir ist die warme Erde, auf der das Gras wächst. Auf den vielen Sommerblumen tummeln sich Schmetterlinge. Ich freue mich über ihre schönen Bewegungen …
In der Nähe steht ein Baum, auf dem saftige Kirschen heranreifen.
Einige Vögel sitzen im Baum und lassen sich die Früchte schmecken … Dann fliegen sie los Richtung Himmel und drehen spielerisch ihre Runden …
Ich spüre, wie ich sanft nach oben schwebe – wie auf einer weichen Wolke … Ich breite meine Arme aus, die zu Flügeln werden. Jetzt fliege ich gemeinsam mit den Vögeln … Ich fühle mich dabei frei und dennoch beschützt, denn der Wind trägt mich sicher durch die Luft …
Nach einer Weile setze ich mich mit meinen Vogelfreunden auf den Baum und wir naschen ein paar süße Kirschen … Danach verabschiede ich mich von ihnen, denn ich möchte noch ein wenig in der Sonne liegen. Leicht wie eine Feder schwebe ich wieder zur Erde … und lande sanft im warmen Gras …
Ich denke noch etwas über das schöne Erlebnis nach. Ich bin ganz entspannt …
Ich atme ruhig ein und aus, ein und aus … Ich spüre den Boden unter mir, fühle mich sicher und geborgen …
Nun schüttel ich sanft meine Hände und Füße. Ich strecke und recke mich.

**Hinweis:**
Die Kinder entscheiden selbst, ob sie während der Entspannungsreise die Augen schließen möchten oder nicht.

# Dein Papagei (ab 4 Jahren)

Schaue dir die Federn genau an.
Male die Federn weiter.
Male den Papagei dann bunt aus.

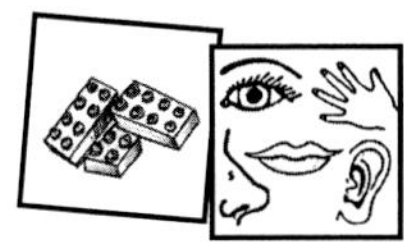

# Viele bunte Vögel (ab 2 Jahren)

**Material:**
Kopiervorlage „Federn“ (s. u.), Kopiervorlage „Vogel“ (s. S. 47), Tonpapier (in Rot, Gelb, Blau, Lila, Grün und Orange), stabile Pappe, Scheren, Bastelkleber, kleine Wäscheklammern oder Dekoklammern, 1 Farbwürfel mit den Farben des Tonpapiers

**Vorbereitung:**
Kopieren Sie den Vogel und die Federn jeweils auf farbiges Tonpapier.
Kleben Sie die Vögel auf die stabile Pappe und schneiden Sie sie aus.
Schneiden Sie auch die Federn aus.
Kleben Sie jede Feder einzeln an die obere Stelle einer Wäsche- oder Dekoklammer.

**Spielmöglichkeiten:**

**Variante für jüngere Kinder:**
1. Ein Kind hat alle Vögel und Federn vor sich liegen.
2. Es klammert die Federn dann farblich passend an die Vögel.

**Variante für alle Kinder:**
1. Jedes Kind sucht sich einen Vogel in seiner Lieblingsfarbe aus.
2. Es hat die Federn in den passenden Farben vor sich liegen.
3. Es wird reihum gewürfelt. Wenn die Kinder „ihre“ Farbe würfeln, dürfen sie eine Feder an den Vogel klammern.
4. Wer zuerst alle Federn an seinen Vogel stecken konnte, hat das Spiel gewonnen.

## Kopiervorlage „Federn“

# Kopiervorlage „Vogel“

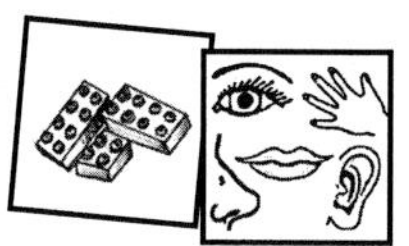

# Finde den Weg durchs Labyrinth (ab 4 Jahren)

Hilf dem Kaninchen, den Weg zu seiner Futterschüssel zu finden.

Zeichne den Weg ein.

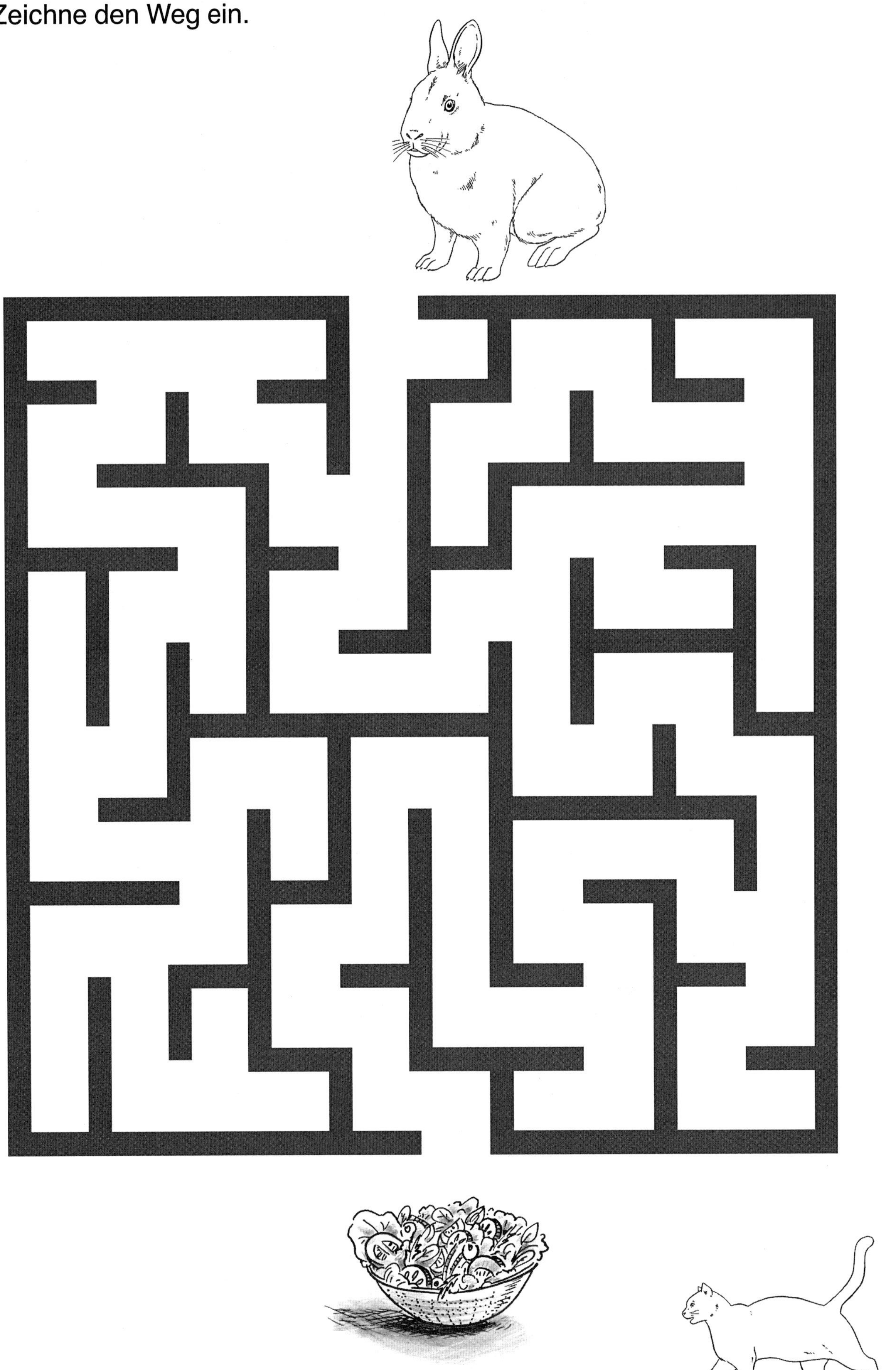

# Wer ist hier müde? (ab 3 Jahren)

Finde die sechs Fehler.

Kreise sie ein.

Male dann alles bunt aus.

# Haustier-Yoga (1) (ab 4 Jahren)

**Material:**
Bildkarten „Haustier-Yoga“ (s. S. 52), 1 Yoga- oder Gymnastikmatte pro Kind, 1 Kissen pro Kind, bequeme Kleidung, evtl. warme Stopper-Socken, 1 Decke pro Kind

**Vorbereitung:**
Die Kinder ziehen bequeme Kleidung an. Die Übungen werden am besten barfuß ausgeführt. Kinder, die leicht kalte Füße bekommen, können aber auch Stopper-Socken anziehen. Legen Sie für jedes Kind eine Yoga- oder Gymnastikmatte im Bewegungsraum aus. Zwischen den Matten sollte genug Platz sein, damit sich die Kinder bei den Yoga-Übungen nicht berühren. Für die Abschlussentspannung, die im Liegen ausgeführt wird, sollten die Mädchen und Jungen noch Decken an die Seiten ihrer Matten legen. Es ist wichtig, dass der Körper in der Ruhestellung warmgehalten wird.
Zeigen Sie den Kindern vor jeder neuen Yoga-Stellung die entsprechende Karte. Stellen Sie die Karten vielleicht auch gut sichtbar in den Hintergrund, sodass die Kinder ein Bild zu den Übungen sehen können.

**Der Salamander**
Die Kinder legen sich entspannt auf den Rücken. Sie legen ihre Arme neben den Körper. Die Handinnenflächen zeigen nach unten. Nun stellen die Kinder ihre Beine auf. Sie spannen ihren Bauch und den Po an und drücken ihr Becken nach oben. Die Kinder halten ihre Becken ein paar Sekunden auf diese Weise und atmen dabei tief ein und aus.

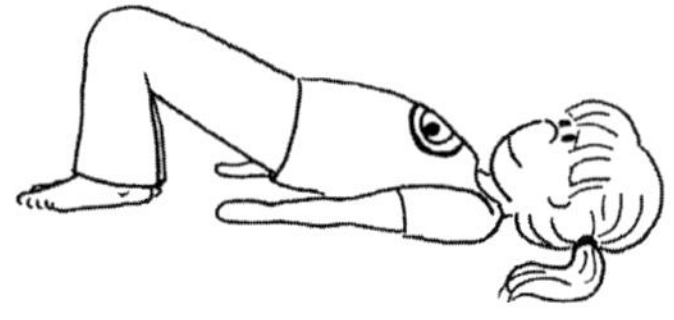

**Die Katze**
Die Kinder knien sich auf die Yoga-Matten. Sie begeben sich dabei in den Vierfüßlerstand. Die Finger liegen locker aufgefächert auf der Matte. Die Kinder atmen tief ein und dann aus. Sie strecken ihre Wirbelsäulen halbrund nach oben, indem sie einen Katzenbuckel machen. Die Köpfe bleiben dabei locker nach unten gesenkt. Die Augen schauen in Richtung der Bäuche. Wenn die Kinder einatmen, werden die Rücken wieder gerade gemacht.

**Der Hase**
Die Kinder setzen sich auf ihre Fersen. Sie beugen sich mit dem Oberkörper nach vorne und legen ihre Hände neben die Füße. Die Handrücken und die Stirn werden auf dem Boden abgelegt. Der Nacken sollte dabei langgestreckt und die Ellenbogen und Schulterblätter locker hängen gelassen werden. Dann fassen die Kinder ihre Hände hinter dem Rücken zusammen und heben die Arme und den Po an. Beim erneuten Einatmen werden die Arme und der Po wieder abgelegt.

**Der Hund**
Die Kinder gehen wieder in den Vierfüßlerstand und halten ihren Rücken lang und gerade. Anschließend stellen sie ihre Zehen auf und lösen die Knie vom Boden. Dabei mit Händen und Fußballen gut auf der Matte abstützen. Die Hüften werden nach oben gestreckt, bis der Körper ein Dreieck bildet. Die Wirbelsäulen dabei unbedingt gestreckt und gerade lassen. Die Köpfe in gleicher Linie halten.
Wer mag, kann die Beine noch etwas mehr durchstrecken, ohne dabei den Rücken zu krümmen. Tief ein- und ausatmen und diese Stellung für einige Sekunden halten. Anschließend die Knie wieder senken und entspannen.

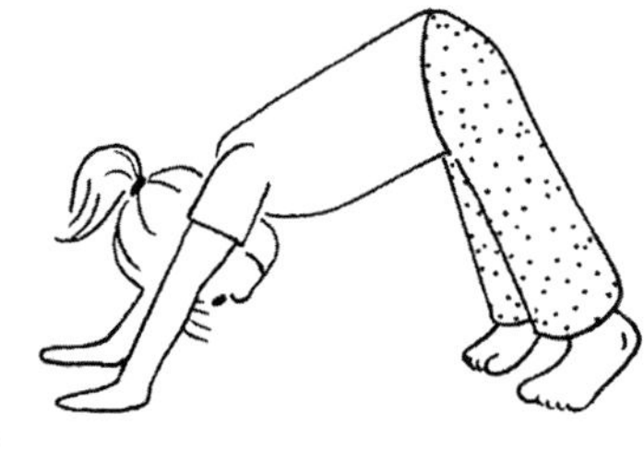

# Haustier-Yoga (2) (ab 4 Jahren)

**Der Fisch**

Die Kinder legen sich auf den Rücken. Sie atmen ein und heben ihr Becken dabei leicht an. Die Unterarme und Handflächen liegen auf den Yoga-Matten. Anschließend Köpfe und Brustkörbe anheben, dann den Kopf wieder zum Boden absenken. Die Brustkörbe und Rücken sind dabei etwas gebogen. Diese Stellung einige Sekunden lang halten und dabei gleichmäßig atmen. Die Stellung sollte nicht unangenehm sein! Während des Ausatmens Brustkörbe wieder auf die Matten senken.

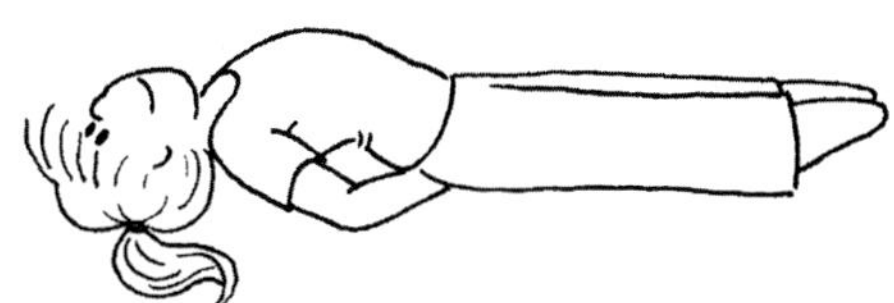

**Der Vogel**

Die Kinder legen sich auf den Bauch. Sie legen ihre Arme neben die Körper. Ihre Handinnenflächen liegen dabei nach unten. Dann heben sie beim Einatmen die Beine an und senken sie beim Ausatmen wieder.

**Die Rückenentspannung (Dauer: 5 bis 10 Minuten)**

Die Kinder legen sich auf den Rücken und decken sich zu. Um es besonders gemütlich zu machen, sollten sie sich ihr Kissen für den Kopf nehmen. Dann atmen sie tief ein und aus. Die Kinder konzentrieren sich auf ihre Atmung. Sagen sie ihnen, dass ihre Arme und Beine sowie der Rest ihres Körpers nun ganz locker und entspannt wird. Die Kinder kommen zur Ruhe.

**Hinweis:**

Bei den Yoga-Übungen mit Kindern geht es nicht um eine fehlerfreie Ausführung der Yoga-Stellungen, sondern um Spaß und Bewegungsfreude. Wichtig ist jedoch, dass sich die Kinder zu Beginn immer aufwärmen. Geeignet dazu ist der bekannte „Hampelmann", das Laufen auf der Stelle oder alle Körperteile „ausschütteln". Eine Yoga-Übung wie „Die Rückenentspannung" wird immer zum Schluss ausgeführt, damit die Kinder wieder zur Ruhe kommen.

**Tipps:**

Üben Sie mit den Kindern die Yoga-Stellungen (altindisch: „Asanas") ganz frei nach Lust und Laune. Es können nur ein oder zwei Asanas oder auch eine ganze Reihenfolge eingeübt werden. Jede Übung ein- bis dreimal wiederholen und dabei entspannt atmen.
Spaß macht es auch, wenn sich alle gemeinsam eine Geschichte ausdenken, in der die Tiere vorkommen. Während Sie die Geschichte vorlesen, nehmen die Kinder die entsprechenden Stellungen ein.

# Bildkarten „Haustier-Yoga"

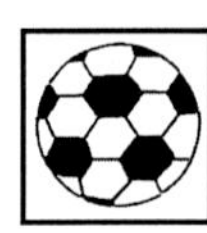

| | |
|---|---|
| Die Katze | Der Salamander |
| Der Fisch | Der Hund |
| Der Hase | Der Vogel |

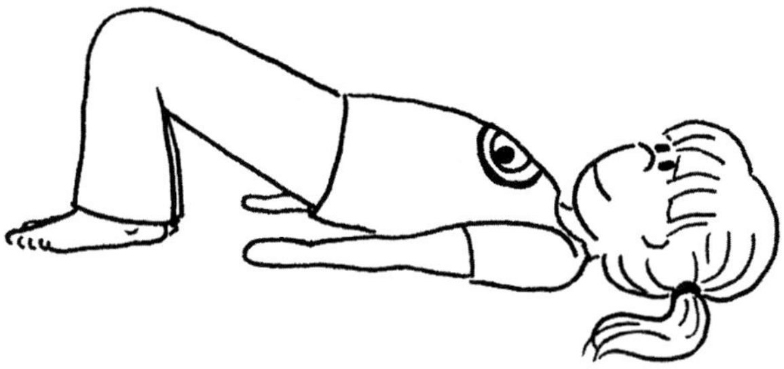

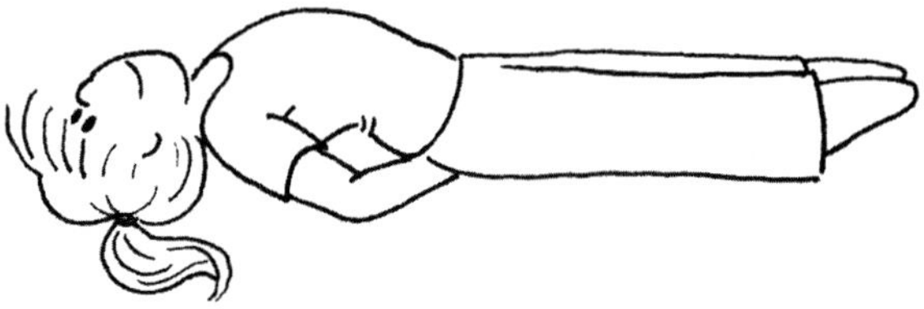

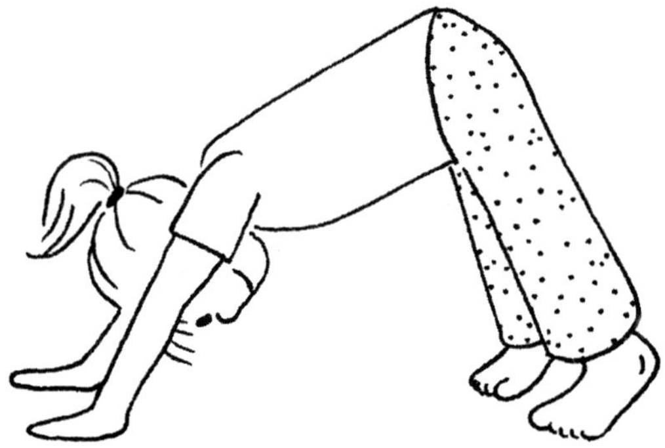

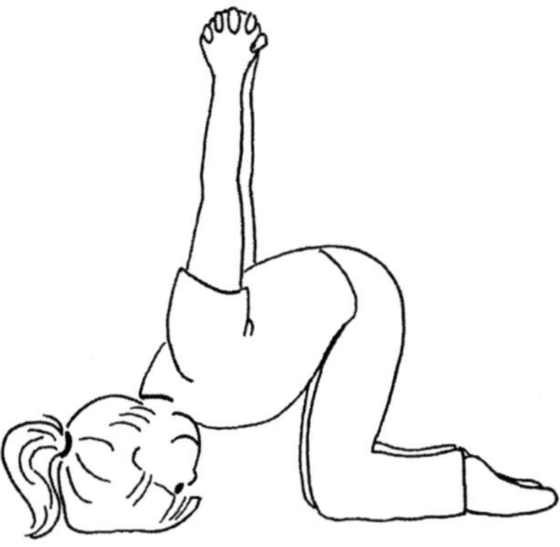

# Wer bin ich? (ab 3 Jahren)

**Material:**
Kopiervorlage „Tier-Karten“ (s. S.11), 1 Stuhl pro Kind

**Spielmöglichkeit:**
1. Die Stühle werden zu einem großen Stuhl-Kreis aufgebaut, sodass in der Mitte noch viel Platz für die Bewegungen der Kinder ist.
2. Alle Kinder setzen sich nun auf die Stühle.
3. Mischen Sie die Tier-Karten durch.
4. Das erste Kind zieht eine Tier-Karte.
5. Es stellt sich in die Mitte des Stuhlkreises und versucht, dieses Tier durch Bewegungen darzustellen. Es darf keine Geräusche dabei machen.
6. Wenn ein Kind das Tier errät, darf es selbst eine Karte ziehen und ist nun an der Reihe.

## Vorschläge zur Darstellung der Tiere

**Katze:** Die Kinder gehen in den Vierfüßlerstand und fangen mit einer Pfote etwas in der Luft. Sie können auch so tun, als ob sie an den Stühlen der anderen Kinder entlang schmusen. **Aber Achtung:** nicht schnurren!

**Hund:** Die Kinder machen im Vierfüßlerstand so, als ob sie einen Ball mit der Schnauze fangen würden. Sie können natürlich auch schnüffelnd durch den Kreis laufen und vielleicht an einer Stelle das Bein heben.

**Vogel:** Der Vogel kann auf seiner Stange sitzen und sich im Spiegel ansehen. Er bewegt seinen Kopf dabei leicht hin und her. Natürlich können die Kinder auch einen fliegenden Vogel nachahmen.

**Maus:** Die Maus läuft im Vierfüßlerstand aufgeregt durch den Stuhlkreis und schnuppert in er Luft herum. Dabei stellt sie sich auf die Hinterbeine und die Vorderpfoten hängen locker vor der Brust nach unten. Die Maus kann natürlich auch auf den Hinterpfoten sitzend ein Korn knabbern.

**Kaninchen:** Die Kinder hüpfen aus dem Vierfüßlerstand herum und schnuppern mit der Nase durch die Gegend. Die Kaninchen-Kinder können auch ihre Zähne nach vorne über die Oberlippe strecken und so tun, als würden sie so schnuppern.

**Hamster:** Beim Hamster können die Kinder etwas nach vorne gebeugt so tun, als ob sie in einem Hamsterrad laufen würden. Alternativ können sie sich in der Hocke die Wangen voll mit imaginärem Essen stopfen.

**Fisch:** Der Fisch schwimmt in seinem Aquarium. Dabei saugen die Kinder ihre Wangen so ein, dass ihr Mund zu einem Fischmund wird. Sie können den Fischmund dabei bewegen. Wenn die Kinder möchten, können sie dabei noch nach oben gestreckt Fischfutter mit dem Mund schnappen.

**Chamäleon:** Als Chamäleon bewegen die Kinder sich im Vierfüßlerstand ganz langsam und heben immer nur ein „Bein“. Sie können mit ihrer langen Chamäleon-Zunge natürlich auch auf Fliegenjagd gehen.

# Rollenspiel: Ich bin ein Haustier (ab 4 Jahren)

**Material:**
1 Instrument (Klangschale, Glockenspiel, Triangel etc.), evtl. Instrumentalmusik, evtl. Verkleidung

**Spielmöglichkeiten:**
1. Die Kinder überlegen sich, welches Haustier sie darstellen möchten sowie einen Namen für ihr Tier.
2. Dann laufen die Kinder im Bewegungsraum (evtl. zu Instrumentalmusik) durcheinander. Irgendwann lassen Sie ein Instrument erklingen.
3. Die Kinder bleiben stehen. Sie schauen, welches Kind ihnen am nächsten steht und stellen sich mit diesem Kind zusammen.
4. Dann verraten sie sich gegenseitig ihre Haustiernamen und stellen sich als das ausgewählte Tier vor. Zum Beispiel indem sie sagen: „Ich bin Lilly, die Katze".
5. Anschließend laufen alle wieder (zur Musik) durcheinander, bis das Instrument erneut zu hören ist. Wieder stellen sich die Kinder gegenseitig vor.
6. Wenn sich dieselben Kinder noch einmal begegnen sollten, sprechen sie sich mit dem gemerkten Namen und der Nennung des Tier an, anstatt sich vorzustellen – zum Beispiel indem gesagt wird: „Du bist doch Lilly, die Katze".

# Was will mir meine Katze sagen? (ab 4 Jahren)

**Material:**
Bild- und Bedeutungskarten „Was will mir meine Katze sagen?" (s. S. 55 – 56), Buntstifte, Pappe / Tonkarton, 1 Bastelkleber, 1 Schere, 5 Behälter (z. B.: Körbchen, Schachteln, Papiertüten ...)

**Vorbereitung:**
Die Seite mit den Bild- und Bedeutungskärtchen vergrößert kopieren, ausschneiden und auf festen Tonkarton kleben. Die Kinder können die Bildkarten anschließend mit Buntstiften ausmalen.

**Spielmöglichkeiten:**
1. Legen Sie die Bildkarten offen auf den Tisch.
2. Lesen Sie anschließend nacheinander die Texte auf den Bedeutungskarten vor.
3. Die Kinder überlegen sich jeweils, welche Bildkarte zu der Beschreibung passen könnte.

**Alternative:**
Sie können den Schwierigkeitsgrad erhöhen, indem Sie nur den Titel auf den Bedeutungskarten vorlesen, zum Beispiel „Die entspannte und zufriedene Katze".

# Bild- und Bedeutungskarten: „Was will mir meine Katze sagen?“ (1)

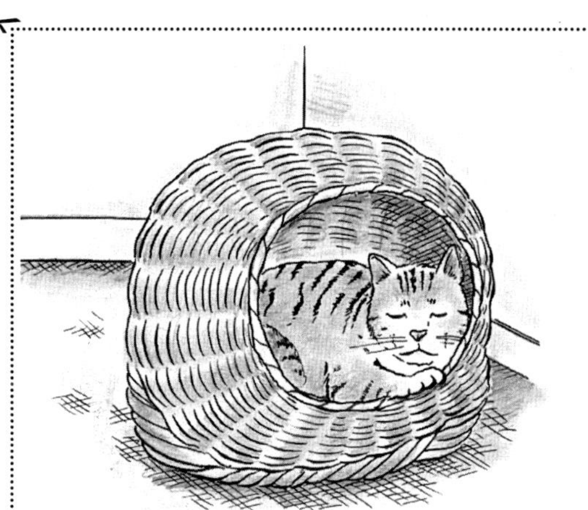

**Die schlafende Katze**
Die Katze liegt zusammengerollt. Der Schwanz ist am Körper. Sie kann auch auf der Seite oder auf dem Rücken liegen. Ihr Atem geht ruhig. Ihre Augen sind geschlossen.

**Die entspannte und zufriedene Katze**
Die Katze liegt auf der Seite. Ihre Ohren sind nach vorne gerichtet. Die Augen sind halb geschlossen. Mit einem Blinzeln signalisiert sie Zufriedenheit. Sie schnurrt und ist bereit für eine Kuschelrunde.

**Die liebevolle Katze**
Die Katze streicht um die Beine des Menschen. Sie stößt mit ihrem Kopf sanft gegen den Menschen. Sie zeigt damit Zugehörigkeit, Vertrautheit und Zuneigung. Dabei kann sie auch schnurren.

**Die freundliche und aufmerksame Katze**
Die Katze steht mit zur Begrüßung erhobenem Schwanz. Ihre Ohren sind aufrecht gerichtet, ihr Gesichtsausdruck freundlich. Es geht ihr gut. Mit einem „Miau“ verlangt sie nach Aufmerksamkeit oder Futter. Das Mauzen kann aber auch Freude oder eine Aufforderung zum Spielen bedeuten.

# Bild- und Bedeutungskarten: „Was will mir meine Katze sagen?“ (2)

| | |
|---|---|
|  | **Die vertrauensvolle und verspielte Katze**<br>Die Katze liegt auf dem Rücken und zeigt ihren Bauch. Wenn Katzen dem Menschen ihre empfindlichste Stelle zeigen und sich auch dort streicheln lassen, ist das ein echter Liebes- und Vertrauensbeweis. Diese Geste kann aber auch eine Aufforderung zum Spielen sein und dann sollte man die Katze besser nicht am Bauch berühren! |
|  | **Die ängstliche Katze**<br>Die Katze steht geduckt. Ihr Schwanz hängt nach unten und ist zwischen den Hinterbeinen eingeklemmt. Die Augen sind weit geöffnet. Ihre Pupillen riesengroß. Ihre Ohren sind seitlich oder nach hinten gedreht. Wie bei der wütenden Katze ist auch hier Vorsicht geboten, da sie gleich angreifen könnte. |
|  | **Die wütende und aggressive Katze**<br>Die Katze fühlt sich bedroht und macht den typischen Katzenbuckel, um größer zu wirken und den Gegner abzuschrecken. Der Schwanz ist gesträubt und hängt seitlich etwas abgeknickt. Die Ohren sind nach hinten gedreht. Die Augen werden zu Schlitzen mit schmalen Pupillen. Sie knurrt oder faucht. |
|  | **Die drohende und angriffslustige Katze**<br>Die Katze steht etwas geduckt und das Fell ist gesträubt. Ihr Schwanz steht waagrecht und wedelt hin und her. Sie faucht und starrt ihren Gegner böse an, was als Drohgebärde gilt. |